Kleine Mainzer Schriften
zur Theaterwissenschaft

Kleine Mainzer Schriften zur Theaterwissenschaft
Band 22

Die Orte des Festival d'Avignon

Die „theatrale Eroberung" einer Stadt

von

Annika Wehrle

Herausgegeben von Peter Marx, Kati Röttger und Friedemann Kreuder

Tectum Verlag

Annika Wehrle

Die Orte des Festival d'Avignon.
Die „theatrale Eroberung" einer Stadt

ISBN: 978-3-8288-2785-1
ISSN: 1867-7568

Druck und Bindung: Schaltungsdienst Lange, Berlin
Printed in Germany

Besuchen Sie uns im Internet
www.tectum-verlag.de

Bibliografische Informationen der Deutschen Bibliothek
Die Deutsche Bibliothek verzeichnet diese Publikation in der Deutschen Nationalbibliografie; detaillierte bibliografische Angaben sind im Internet über http://dnb.ddb.de abrufbar.

Vorwort

Die Theaterlandschaft des 21. Jahrhunderts ist in vielerlei Hinsicht dynamischer geworden: Längst ist es nicht mehr die Topographie der ‚großen Häuser', die die Aufmerksamkeit der kulturinteressierten Öffentlichkeit alleine steuern, vielmehr haben die Festivals, die seit dem 20. Jahrhundert, vor allem aber seit 1945, zum festen Bestandteil der internationalen Theaterszene gehören, zunehmend an Bedeutung gewonnen.

Dieses Phänomen kann man bejubeln oder bedauern, man kann es im Hinblick auf seine kulturpolitischen Auswirkungen feiern oder als Fanal verstehen, an der Anerkenntnis seiner Wichtigkeit wird man nicht vorbeikommen.

Annika Wehrle hat sich in der hier vorliegenden Arbeit des Phänomens aus einer innovativen und auf den ersten Blick vielleicht überraschenden Perspektive angenommen, nämlich aus dem Blick auf den Spielort bzw. die Eroberung des Spielorts. Hier verbinden sich Fragen der Raum(be)deutung, wie sie im spatial turn formuliert wurden, mit Aspekten der Theaterentwicklung nach dem Zweiten Weltkrieg. Mit dem Festival d'Avignon hat Annika Wehrle nicht nur eines der profiliertesten Festivals ausgesucht, sondern sich auch noch einem Thema zugewandt, das ein wichtiges Desiderat darstellt.

Anhand von drei Inszenierungen, die als Meilensteine bzw. Wendepunkt in der Geschichte des Festivals auch die Entwicklung der internationalen Theaterkultur geprägt haben, kann sie die Bedeutung und Funktion des Festivals sowie von Avignon als Spielort eindrücklich zeigen: Zum einen die Gründungsinszenierung von Shakespeares Richard II. (1947), Peter Brooks legendärer Mahabarata (1985) bis hin zu der Produktion La Mélancholie des dragons (2008), die die Gegenwart des Festivals markiert, spannt sich das Panorama, das die Entwicklung des Festivals sowie seine Wirkung erkennbar werden lässt.

Darüber hinaus - und hier erweist sich der auf den spezifischen Ort konzentrierte Blick als ausgesprochen erkenntnisreich - gerät auch die Entwicklung der Off-Szene im Gefolge der Studentenproteste von 1968 in den Blick. So wird in der Zusammenschau deutlich, wie sehr gerade die temporäre Bühne eines Festivals als Spiegel und Katalysator umfassender Veränderungen dienen kann.

Wie intensiv dies in Wechselwirkung mit weitergreifenden Diskurses steht, mag man daran ablesen, dass in methodischer Hinsicht sowohl Aspekte der site-specific performance zur Sprache kommen als auch die im Sinne der lieux de mémoire Pierre Noras eingelagerten historischen Semantiken des Ortes Berücksichtigung finden. So liegt hier ein Ansatz zur Neudefinition des Spielorts vor, der, weil er auf eine grundsätzliche kulturwissenschaftliche Weiterung zielt, sicherlich noch von sich Reden machen wird.

Mainz/Bern, im Juli 2011 Peter W. Marx

Inhalt

1 Einleitung und Forschungsstand **9**

2 Grundbegriffe und Definitionen **17**

3 Avignon als topographischer und historischer Ort **25**
3.1 Topographisch 25
3.1.1 Lage und Position innerhalb Frankreichs 26
3.1.2 Stadttopographie 29
3.1.3 Festivaltopographie 34
3.2 Historisch 41
3.2.1 Avignon vor der Zeit der Päpste 41
3.2.2 Avignon - die Stadt der Päpste 42
3.2.3 Avignon nach der Zeit der Päpste 46
3.2.4 Die Geschichte des *Festival d'Avignon* 48

4 Eroberungsstrategien des Festivals **61**
4.1 Die Theatralisierung historischer Räume 62
4.1.1 Die Kristallisation von Vergangenheit an Orten und Gebäuden - Pierre Noras Begriff der *Lieux de mémoire* 64
4.1.2 Die Atmosphäre historischer Spielorte als Schnittstelle zwischen Vergangenheit und Gegenwart 69
4.1.3 Der Umgang mit den Spuren der Vergangenheit am Beispiel des Cour d'Honneur 77
4.1.4 Die Gründungsinszenierung des Festivals: Shakespeares *Richard II*, Regie: Jean Vilar 1947 88
4.1.5 Eine aktuelle Annäherung an einen historischen Raum: *La Mélancolie des Dragons*, Regie Philippe Quesne 2008 95
4.2 Die Theatralisierung öffentlicher Räume 100
4.2.1 Theater und öffentlicher Raum - Marvin Carlsons Begriff der *Places of Performance* 101
4.2.2 Die Theatralisierung des *leeren Raums* 107
4.2.3 Die Theatralisierung der Straße 119

4.3 Die Theatralisierung privater Räume 135
4.3.1 Eine Annäherung an die Begriffe von Privatheit und Öffentlichkeit 136
4.3.2 Die Grenzen zwischen privatem und öffentlichem Raum in Avignon – zur „Unentrinnbarkeit" vor dem Theatralen 139

5 Zusammenfassung 149

Literaturverzeichnis 159

Abbildungsverzeichnis 169

Abbildungsanhang 171

1 Einleitung und Forschungsstand

„Avignon n'est plus une ville qui a un festival,

c'est un Festival qui a une ville."

(Jean Lacouture in Le Monde vom 18. August 1967)

Struktur und Herangehensweise

Im Süden Frankreichs, am Ufer der Rhône, liegt der ehemalige Papstsitz Avignon. Im Jahre 1947, in der unmittelbaren Nachkriegszeit, gründete Jean Vilar dort das *Festival d'Avignon*, das sich bis heute zu einem der bedeutendsten Theaterfestivals Europas entwickelt hat. Das Forschungsinteresse der folgenden Untersuchungen beruht auf der Beobachtung, dass diese jährlich wiederkehrende Kulturveranstaltung mit der sie beheimatenden Stadt Avignon auf ungewöhnlich intensive und vielschichtige Weise verknüpft zu sein scheint. An diese Beobachtung schließt sich die These an, dass sich benannte Verbindung am deutlichsten in der Frage nach dem Raum manifestiert, der durch das Festival ähnlich einer Stadteroberung eingenommen und zu theatralen Zwecken genutzt wird. Die sich aus diesen Überlegungen ergebende Forschungsfrage lautet: **Welche räumlichen Strategien weist das *Festival d'Avignon* zur „theatralen Eroberung" der Stadt auf?**

Noch bevor man sich jedoch auf die Suche nach der genauen Ausprägung der Konstellation zwischen Festival und Stadt macht, erscheint es sinnvoll, Avignon selbst unter historischen, topographischen und symbolischen Gesichtspunkten genauer in Augenschein zu nehmen. Die aus diesem Grund an den Anfang der Untersuchungen gestellte Stadtbetrachtung setzt bei deren Binnentopographie und ihrer Einbettung in den gesamtfranzösischen Kontext an. Das Ziel ist hierbei, besser einordnen zu können, welche Bedeutung der Standort Avignon sowie dessen spezifische Struktur für die Entstehung und Etablierung des Festivals hatten. Anschließend wird ein Blick auf die Festivaltopographie selbst sowie auf Übereinstimmungen und Abweichungen innerhalb des Stadtgefüges gegenüber der übrigen Zeit des Jahres geworfen. Zu beobachten gilt es hier besonders, an welchen Stellen sich das Festival niederlässt und wie diese Orte miteinander in Beziehung stehen. Zudem wird zu fragen sein, ob und in welcher Weise sich durch die dadurch entstehende Festivaltopographie die Zentren und Hauptachsen Avignons verschieben. Verbunden wird dieses Kapitel mit der Vorstellung der wichtigsten Spielstätten, zu denen vorrangig – abgesehen von den eher provisorischen Orten auf öffentlichen Straßen und Plätzen, die hier als eine Art Gesamtphänomen vorgestellt werden – die historischen Monumente Avignons zählen. Als weitere Annäherung folgt ein Blick auf die Geschichte der Stadt, bei welchem jedoch lediglich schlaglichtartig einige Zeiträume und Ereignisse herausgegriffen werden. Einen Moment länger verweilt die Schilderung bei der Zeit der avignonesischen Päpste, da diese maßgeblich für die heutige Struktur und den Bekanntheitsgrad der Stadt mitverantwortlich ist. Hierbei soll vor allem die Frage nach dem Zuwachs an Macht und Bedeutung beziehungsweise deren anschließendem Rückgang gestellt werden. Den nächsten für die Überlegungen relevanten Zeitraum stellt die Nachkriegszeit dar, die mit dem Gründungszeitraum des Festivals einhergeht, sodass sich eine Betrachtung diesbezüglicher Einflussnahmen anbietet. Ebenso wird auf Zusammenhänge zwischen der Wahl des Ortes und den geschichtlichen und topographischen Begebenheiten Avignons zu achten sein. Dem Blick auf die ersten Festivaljahre folgt ein kurzer Abriss der wichtigsten Stationen der Festivalgeschichte bis zum heutigen Zeitpunkt. Nachdem diese Grundlagen geschaffen sind, kann im Anschluss eine genauere Betrachtung der anfangs genannten Verbundenheit von Stadt und Festival unternommen und der These „theatraler Eroberung"[1] nachgegangen werden. Wie sich bei der Untersuchung der heutigen Festivaltopographie zeigen wird, ist eines ihrer prägnantesten Merkmale, dass die Stadt Avignon dem Theater die Belagerung nahezu ihres gesamten Raumes gewährt, was bis heute zu einer theatralen Besiedelung annähernd jedes verfügbaren Winkels geführt hat. Um der Forschungsfrage auf den Grund zu gehen, werden die Orte, die das Festival zu Spielorten macht, in drei Hauptkategorien unterteilt: in historische, öffentliche und private Räume. Der Aufbau der Arbeit folgt eher dramaturgischen als chronologischen Abfolgen. Er richtet sich damit gewissermaßen nach dem Grad der Eroberung, der von den historischen über die öffentlichen hin zu den privaten Räumen in zunehmendem Maße auf das Leben innerhalb der Stadt und ihre Bewohner und Besucher Einfluss nimmt.

Dem ersten Themenblock zur theatralen Eroberung historischer Räume gehen als theoretischer Einstieg und erste Annäherung die Ausführungen Pierre Noras zu den *lieux de mémoire*, zu Deutsch *Erinne-*

---

1 Im Folgenden wird der Ausdruck der „theatralen Eroberung" ohne Hervorhebung durch Anführungszeichen verwendet, ist aber dennoch als Arbeitsbegriff zu verstehen.

rungsorten, voraus[2]. Das Hauptinteresse an diesem Theorieansatz gilt in Referenz zur vorliegenden Arbeit der Frage, welche Bedeutung Orte für die Speicherung und Überlieferung von Gedächtnis haben sowie ob und in welcher Weise sich Vergangenheitsspuren an Räumlichkeiten kristallisieren können. Zur Verknüpfung der Theorien Noras mit den Festivalbegebenheiten wird auf den Begriff der Atmosphäre zurückgegriffen und die These aufgestellt, dass man diese als eine Art Schnittstelle zwischen der Vergangenheit und der heutigen Raumverwendung als theatrale Spielstätte, bezeichnen kann. Weiterführend wird eine genauere Betrachtung des prominentesten historischen Festivalortes, des Cour d'Honneur, unter der Fragestellung vorgenommen, wie hier mit den Spuren vergangener Zeiten umgegangen wird und ob das Festival diese als Bürde oder Chance für die Eroberung und Theatralisierung des Ortes wahrnimmt. Zur Veranschaulichung wird dieser Themenbereich mit der Untersuchung konkreter Raumannäherungen in Form zweier Inszenierungsbeispiele an historischen Orten beschlossen, zwischen welchen ein Zeitraum von über 50 Jahren liegt. Bei der ersten handelt es sich um die Gründungsinszenierung des Festivals im großen Ehrenhof des Papstpalastes[3] im Jahr 1947, für die Jean Vilar - der neben seiner Funktion als Regisseur zudem auch in der Hauptrolle zu sehen war - *Richard II* von William Shakespeare auswählte. Als besonders interessant erweist sich diese Inszenierung unter anderem deshalb, weil aus jener ersten Raumerschließung viele der konzeptionellen Grundprinzipien des Festivalgründers abzulesen sind. Bei dem zweiten Beispiel handelt es sich um eine Inszenierung des Pariser Regisseurs und Szenographen Philippe Quesne, *La Mélancolie des dragons,* die während des Festivals 2008 im Cloître des Célestins zu sehen war. Völlig anders als bei der zuvor besprochenen Drameninszenierung ähnelt die Raumverwendung Quesnes eher einer Art Installation, wodurch die Spannbreite des Spektrums der theatralen Verwendung historischer Orte verdeutlicht wird.

Der nächste Themenbereich hat die Theatralisierung und Eroberung öffentlicher Räume zum Inhalt. Als Referenzrahmen dienen einige geschichtliche und theoretische Ausführungen Marvin Carlsons zu Theaterereignissen außerhalb dafür eigens konstruierter Gebäude. Darauf aufbauend folgt die Untersuchung zweier Formen der Erobe-

---

2 Der französische Ausdruck *lieu de mémoire* und der deutsche Begriff *Erinnerungsort* werden im Weiteren synonym verwendet.

3 Die Begriffe Papstpalast und Palais des Papes sowie Ehrenhof und Cour d'Honneur werden synonym verwendet.

rung öffentlicher Räume durch das Festival in Avignon: die Theatralisierung des sogenannten *leeren Raums* sowie die Theatralisierung der Straße. Das erste Themenfeld beleuchtet eine Form der Raumeroberung, die zum Ziel hatte, sich mit Mitteln des Theaters einen Ort zu eigen zu machen, der in Abgrenzung zu den zuvor besprochenen historischen Räumen frei von menschlichen und kulturellen Spuren ist. Der Initiator dieses Projektes war Peter Brook, der auf diese Weise die Ideen, die er in seiner Veröffentlichung *Der leere Raum*[4] zu Papier gebracht hatte, in die Tat umsetzen wollte. Einen solchen Ort glaubte er in den Außenbereichen Avignons, fünfzehn Kilometer von den Stadtmauern entfernt, in einem alten Steinbruch gefunden zu haben, wo 1985 schließlich seine neunstündige *Mahabharata*-Inszenierung zur Aufführung kam. Der räumlichen Analyse jenes Projektes, bei der die Besonderheiten dieser ungewöhnlichen Ortswahl und die Auswirkungen auf die Zuschauer sowie die Aufführungsatmosphäre im Mittelpunkt stehen sollen, werden als Bezugsbasis einige der theoretischen Grundgedanken Brooks aus der oben genannten Veröffentlichung vorangestellt.

Die zweite untersuchte Form theatraler Eroberung öffentlicher Räume stellt die Theatralisierung der Straßen und Plätze Avignons dar. Ende der 60er beziehungsweise Anfang der 70er Jahre kam zu dem offiziellen *Festival d'Avignon* das anfangs als Gegenbewegung angelegte *OFF*[5] hinzu, das sich in rapider Geschwindigkeit den städtischen Raum mit theatralen Mitteln erschloss und heute nahezu die gesamte Stadt für sich einnimmt. Unter anderem aufgrund der zeitlichen Nähe dieser Bewegung zu den Studenten- und Arbeiterbewegungen des Jahres 1968 liegt dem Kapitel die These zu Grunde, dass es sich bei der Entstehung des *OFF* neben anderen Einflüssen um eine Folge der 68er Bewegung und deren Politisierung öffentlicher Räume handelte. Daher wird zu Beginn ein Blick auf die politischen und theatralen Geschehnisse des Jahres 1968 in Avignon geworfen, bevor im Anschluss das *OFF* und dessen Verbreitung innerhalb des Stadtgebietes thematisiert werden.

Im letzten Kapitel, das sich thematisch dem vorigen sehr eng anschließt, geht es um jene Eroberungsform, die für den einzelnen Bewohner beziehungsweise Besucher der Stadt die direktesten Auswir-

---

4 Brook, Peter: *Der leere Raum.* Hamburg 1969.

5 Seinen Namen erhielt dieses durch die Kompanie *The Mama Company Off Broadway*. Siehe Loyer und de Baecque 2007, 309.

kungen hat: die Theatralisierung privater Räume. Nach einem kurzen Abriss zur allgemeinen Thematik der Grenzziehungen zwischen öffentlichem und privatem Raum in verschiedenen Epochen folgt eine konkrete Betrachtung der Grenzen zwischen beiden Bereichen und der Grenzverschiebungen im Falle von Avignon. Zentral ist die Frage, inwieweit theatrale Aktivität während des Festivals auf die privaten Lebensbereiche der Bewohner einwirkt, und welche Konsequenzen daraus resultieren, da dies die Reichweite der Stadteroberung am deutlichsten sichtbar werden lässt.

Quellenlage und Forschungsstand

Trotz des europaweiten Interesses am *Festival d'Avignon*, das sich an dem regen Zulauf internationalen Publikums sowie der Präsenz renommierter Regisseure und Schauspieler ablesen lässt, sind außerhalb Frankreichs nahezu keine eigenständigen Publikationen zu diesem Thema erschienen. Die deutschsprachigen Quellen beschränken sich daher auf einige Aufsätze und zahlreiche Zeitungsrezensionen. In französischer Sprache finden sich hingegen zahlreiche Veröffentlichungen zu unterschiedlichen Schwerpunkten, die der Arbeit als Hauptgrundlage dienen. Zudem wurden diverse Quellen aus den Sammlungen des *Maison Jean Vilar* in Avignon konsultiert, wie beispielsweise die Pressespiegel aus dem Gründungsjahr sowie die der besprochenen Inszenierungen. Eine Publikation, die sich ausschließlich mit der Raumaneignung des Festivals und der Verbreitung im gesamten Stadtgebiet befasst, ist hingegen bislang nicht erschienen. Aus diesem Grund scheint es sinnvoll, die bestehenden Einzelquellen bezüglich der Stadt und ihrer Geschichte, der Gründungskonzepte und -inszenierungen des Festivals, der Geschichtlichkeit bespielter Räume und der theatralen Phänomene im öffentlichen Raum unter einer Fragestellung zu vereinen.

Zur Fundierung und als Bezugsrahmen für die oben benannten Strategien theatraler Stadteroberung dienen verschiedene Theorieansätze.[6] Für den ersten Themenbereich zur Theatralisierung historischer Räume bieten sich, wie bereits erwähnt, besonders die Ausführungen

6 Die Bezugsquellen für die elementarsten Grundbegriffe der Arbeit bezüglich (Theater-/ Stadt-) Raum und Festival, werden im Rahmen der Grundbegriffen und Definitionen im folgenden Kapitel genannt.

Pierre Noras bezüglich der *lieux de mémoire*[7] an. Da es sich bei Noras Begrifflichkeiten jedoch um sehr abstrakte Termini handelt, ist eine direkte Übertragung auf die Begebenheiten des Festivals nur schwer möglich. Dennoch dienen sie als fruchtbare Bezugsbasis, mit der die Verwendung und Erschließung historischer Räume als Spielorte abgeglichen werden kann. Gewissermaßen das Pendant dazu bilden im Bereich der Theatralisierung öffentlicher Räume einige der Gedanken Marvin Carlsons aus seinem Buch *Places of Performance* von 1989[8], die ein Grundgerüst für die Betrachtung und Bewertung theatraler Ereignisse außerhalb von Theaterhäusern bieten. Im Fall der Theatralisierung leerer Räume wird eine Anlehnung an Peter Brooks Ansätze und Prinzipien vorgenommen, die er in *Der leere Raum* von 1969 formulierte.

Die unter räumlichen Aspekten vorgenommenen Inszenierungsanalysen zur Veranschaulichung der theoretischen Auseinandersetzungen basieren auf unterschiedlichen Quellenlagen. Zur Gründungsinszenierung Vilars aus dem Jahre 1947 gibt es bedauerlicherweise kein Videomaterial der Aufführung. Jedoch ist es möglich - soweit das bei der jeder Aufführung inhärenten Transitorik überhaupt der Fall sein kann - sich anhand diverser Fotografien, Zeichnungen, Rezensionen, Interviews und Augenzeugenberichten, ein recht genaues Bild der Inszenierungsästhetik zu verschaffen. Eine ähnliche Ausgangslage besteht bei der *Mahabharata* Inszenierung von 1985. Da Brook jedoch im Jahr 1989 eine Filmadaption des Stückes in ähnlicher ästhetischer Grundausrichtung erstellte und zudem auch hier zahlreiche Szenenfotos und Rezensionen sowie die Kenntnis des Spielortes vorliegen, kann eine Analyse auch in diesem Fall durchgeführt werden. Die Besprechung des aktuellsten Stückes, *La Mélancolie des dragons* von 2008, beruht hingegen auf dem Aufführungsbesuch der Verfasserin in Avignon sowie einer Aufzeichnung und diversen Rezensionen.

Als letzte, jedoch nicht zu vernachlässigende Quelle und Bezugsbasis ist die eigene Anschauung durch den Besuch der Stadt in Festivalzeiten zu benennen, da es sich bei dem Vorgang theatraler Stadterschließung und -eroberung um einen vielschichtigen, atmosphärischen und lebendigen Prozess handelt, dessen unmittelbares Erleben für den

---

7 Nora, Pierre: *Zwischen Geschichte und Gedächtnis.* Berlin 1990. Nora, Pierre (Hrsg.): *Erinnerungsorte Frankreichs.* München 2005.

8 Carlson, Marvin: *Places of Performance. The Semiotics of Theatre Architecture.* Cornwell 1989.

Schritt des Begreifens im wörtlichen Sinne von unerlässlicher Wichtigkeit ist.

2 Grundbegriffe und Definitionen

Als Basis für die Annäherung an die in der Einleitung formulierte Forschungsfrage müssen zunächst einige Grundbegriffe bezüglich der Themenfelder Raum, Theater- und Stadtraum sowie Festival geklärt werden, die als Bezugsrahmen dienen sollen. Die Schriften zur Raumtheorie sind zahlreich und in ihrer Ausrichtung breit gefächert. Ein Problem, auf das man jedoch bei der Suche nach einem verwertbaren Bezugspunkt stößt, ist die Unschärfe in der Terminologie, die nicht zuletzt durch die Übernahme von übersetzten Begriffen zustande kommt. Daher sollen im Folgenden einige wenige Ansätze ausgewählt werden, die in ihrer Fokussierung den Untersuchungen als zuträglich erscheinen.

Birgit Althans nähert sich dem Raumbegriff über das Prinzip der Abgrenzung. „Die traditionelle Auffassung vom Raum als Behälter, der mit Inhalten gefüllt wird oder auch als ‚leerer Raum'[9] existiert, vom Raum, der ‚gegeben'[10] ist und als solcher prägend wirkt, ist obsolet geworden und muß überdacht werden."[11] Mit dieser Grenzziehung geht auch Constanze Schuler[12] konform, die als Gegenentwurf eine diskursive Herangehensweise vorschlägt, welche den „Konstitutions- und Konstruktionsprozess von Räumen im Kontext von Theater"[13] mitbedenkt.

> Im Handlungskontext werden Räume - abhängig vom individuellen Erfahrungshorizont und verfügbaren Bezugsmodellen - unterschiedlich konstruiert, sind somit kein festgefügter

---

9 Es handelt sich hierbei um einen Verweis auf Peter Brooks Begriff des *leeren Raums.* Obwohl dieser den räumlichen Grundbegriffen dieser Arbeit zur Abgrenzung dient, kommt Brooks Veröffentlichung *Der leere Raum* in Kapitel 4.2.1 dennoch als Bezugs- und Vergleichsbasis für die Analyse des *Mahabharata* zum Einsatz, im Falle dessen sich die Überlegungen als äußerst fruchtbar erweisen.

10 Bei diesem Begriff wird auf den „given space" bei MacAuley 1999, 5 angespielt. Dieser Ansatz bedenkt viele wichtige Aspekte von Raum und wird auch beispielsweise von Schuler als zentraler Text der Raumtheorie angesehen, dennoch behandelt er den Raum als feste, starre Bezugsgröße, ohne über den Vorgang der Bedeutungskonstruktion durch (Theater-) Ereignisse zu sprechen.

11 Althans 2001, 19f.

12 Siehe Schuler 2007.

13 Schuler 2007, 37.

> Hintergrund, sondern ein dynamischer Faktor von Theater, dem Inszenierungsanalysen Rechnung tragen müssen.[14]

Damit baut Constanze Schuler auf die Ausführungen Martina Löws zur prozessualen und relationalen Raumsoziologie auf. Löw wendet sich in diesem Ansatz von der Auffassung ab, dass Räume autonom und uneingebunden existieren können und betrachtet stattdessen den Prozess der Raumentstehung stets als „menschliche Konstruktionsleistung“[15] in einem

> [...] Wechselspiel von materiellen Strukturen, der platzierenden Anordnung von ‚Körpern‘, Handlung, Wahrnehmung, sozial und kulturell vorgeformter Symbolisierung und Deutung. [...] Neben der Platzierung von sozialen Gütern und Menschen an bestimmten Orten und dem materiellen Substrat gilt es vor allem, kulturell geprägte Vorstellungs- und Wahrnehmungsprozesse im Hinblick auf die Raumproduktion im Auge zu behalten. Raum und Handeln sollen dabei nicht getrennt voneinander betrachtet werden und sind durch den Faktor ‚Zeit‘ eng miteinander verknüpft.[16]

Wichtig ist bei diesem Prozess der Raumkonstruktion der Aspekt des individuellen Zugangs, der je nach persönlicher Prägung, Hintergrund, Erfahrung, Erinnerung und Deutung unterschiedlich ist, sich in stetiger Wandlung befindet und niemals ein endgültiges, starres Raumbild erzeugt.[17] Schulers Begrifflichkeit meint hieran anschließend eine „Verschmelzung von Nutzungs-, Bedeutungs- und Bewegungsraum“[18]. Hiermit benennt und füllt sie zugleich eine Lücke in der theaterwissenschaftlichen Forschung, die den Aspekt der symbolischen und kulturellen Raumkonstruktion sowie die Möglichkeit, anhand von Räumen Wandlungsprozesse in Kultur und Gesellschaft abzulesen, bislang mit wenigen Ausnahmen weitestgehend unbeachtet ließ.[19] Schuler differenziert noch einmal zwischen einer Art sofort erfassbaren und einer erst durch nähere Beschäftigung und Kenntnis zugänglichen Raumebene.

---

14 Schuler 2007, 37.

15 Löw 2001, 66.

16 Schuler 2007, 41.

17 Siehe Schuler 2007, 44f.

18 Schuler 2007, 41.

19 Siehe Schuler 2007, 39-43. Eine bedeutende Ausnahme stellt beispielsweise Carlson 1989 dar.

> In Anlehnung an die Erkenntnisse der Kognitionswissenschaft werden [...] die Kategorien des *Wahrnehmungsraums* (verstanden als ein von der unmittelbaren Sinneswahrnehmung abhängiger ‚äußerer' Raum) und des *Vorstellungsraums* (verstanden als ‚innerer', von kulturell geprägten, mentalen Repräsentationen und Erinnerungen abhängiger Raum) für theaterwissenschaftliche Raumanalysen eingeführt.[20]

Die vorliegende Arbeit versucht, beide genannten Raumebenen, die ohnehin nicht gänzlich trennscharf zu unterscheiden sind und je nach Blickwinkel changieren, in die Überlegungen mit einzubeziehen, da nur so die Reichweite der theatralen Eroberung der Stadt annähernd zu erfassen ist. Ebenso orientiert sich der Aufbau an jener von Schuler angestrebten Zusammenschau symbolischer und pragmatischer Aspekte, woraus sich eine enge Verknüpfung topographischer, (kultur-) geschichtlicher, individueller und inszenierungsanalytischer Überlegungen ergibt.

Um nun von den allgemeiner gefassten Raumbegriffen zum Theaterraum im Speziellen überzugehen, wird zunächst ein Blick auf die Kategorien Antoine Vitez' geworfen, der folgende Unterscheidung in zwei Formen des theatralen Raumes vornimmt: „*das Obdach,* ein[en] Ort, der das Theater aufnimmt, ohne ursprünglich dafür entworfen zu sein, und *das Gebäude,* ein[en] Ort, der fürs Theater bestimmt ist und außerhalb dieser Funktion untauglich ist."[21] Wird in den folgenden Ausführungen von Theaterorten und -räumen die Rede sein, so handelt es sich ausschließlich um die erste Kategorie Vitez', auch wenn von Gebäude oder Räumlichkeit gesprochen wird. In Augenschein sollen explizit jene Orte genommen werden, die durch das Festival erst zu Theaterräumen geworden sind. Die Spanne reicht hierbei von historischen über religiöse Bauten bis hin zu alltäglichen Räumlichkeiten und öffentlichen beziehungsweise privaten Plätzen. Ansätze, die ähnlicher Ausprägung sind und daher dieser Arbeit als zuträglich erscheinen, sind das *Site Specific Theatre* beziehungsweise das *Theatre on Location*[22]. Lehmann beschreibt diese Formen, die ihren Ursprung in

---

20 Schuler 2007, 46.

21 Banu 1988, 22.

22 Eine Definition des Begriffs liefert Carlson, indem er *site specific theatre* als Theaterform bezeichnet, bei der „already written texts are placed in locations outside conventional theatres that are expected to provide appropriate ghostings in the minds of the audience, or, in more extreme cases, new

den 70er Jahren haben und bei welchen es darum ging, „durch die Verlagerung des Theaters an ungewöhnliche Orte ein Publikum vor Ort zu erreichen", folgendermaßen:

> Außerhalb des üblichen Theaterraums gibt es Möglichkeiten, die mit einem wiederum aus der bildenden Kunst übernommenen Schlagwort *Site Specific Theatre* heißt. Theater sucht eine Architektur oder sonst eine Lokalität auf [...], und zwar nicht so sehr - wie der Begriff ‚Site Specific' nahlegt - weil der Ort (Site) sachlich einem bestimmten Text besonders gut entspricht, sondern weil er selbst durch das Theater zum Sprechen gebracht wird. Der Ausdruck ‚Theatre on Location' trifft die Sache genauer.[23]

Am Beispiel einer Fabrikhalle, die als Aufführungsort genutzt wird, führt Lehmann den Begriff des *Site Specific Theatre* weiter aus und hebt dabei besonders die Bedeutungserzeugung der Ortswahl und die Auswirkungen auf alle Beteiligten, also Produzierende wie Zuschauer, hervor:

> Site Specific Theatre bedeutet, daß der ‚Site' selbst in eine *neue Beleuchtung* rückt. [...] Der Raum präsentiert sich. Er wird, ohne auf eine bestimmte Signifikanz festgelegt zu sein, Mitspieler. Er ist nicht verkleidet, sondern sichtbar gemacht. Mitspieler sind aber in solch einer Situation auch die Zuschauer. Was durch das Site Specific Theatre in Szene gesetzt wird, ist nämlich auch eine Ebene der *Gemeinsamkeit* von Spielern und Zuschauern. Alle zugleich sind *Gäste des Ortes*, sie sind alle Fremdlinge in der Welt einer Fabrik [...]. Sie erleben die gleiche nicht alltägliche Erfahrung eines Riesenraums [...], in der man die Spuren von Produktion und Geschichte spürt.[24]

Die in diesem Zitat benannten Aspekte fügen sich in unmittelbarer Weise in die formulierte Fragestellung ein und bieten zu vielen Kapiteln direkte Anknüpfungspunkte. Die Theatralisierung historischer Räume wird beispielsweise mit dem Aspekt der Vergangenheitsspuren angesprochen, das Gefühl der Fremdheit an einem sonst nicht zum Lebensalltag gehörenden Ort findet seine Entsprechung bei der Theatralisierung öffentlicher Räume am Beispiel von *Le Mahabharata,* und die Eroberung privater Räume lässt sich mit dem Rollentausch der

---

works are created that are directly inspired by the extratheatrical associations of these locations." (Carlson 2003, 134.)

23 Lehmann 1999, 304f.

24 Lehmann 1999, 306.

Zuschauer in Verbindung setzen, die durch diese theatrale Form selbst - wie auch der Raum - zu Mitspielern werden. Ebenso wird die angesprochene Gemeinschafts- und Identitätsstiftung durch Raumkonstellationen eine wichtige Rolle spielen.

Anknüpfend an die Ausführungen zu Raum im Allgemeinen sowie den Theaterräumen im Speziellen folgen nun noch einige kurze Anmerkungen zum städtischen Raum, ohne dass dabei auf die ebenfalls sehr umfangreichen Forschungsansätze zu Städten und urbanen Räumen tiefer eingegangen werden kann.[25] Richard Sennett betrachtet eine Stadt als Konglomerat aus architektonischen und menschlich emotionalen Momenten und begründet dies anhand der Wortbedeutung:

> Die eine Wurzel des Wortes Stadt ist *urbs*, ein Wort, das die Steine der Stadt bezeichnet; die Steine einer Stadt werden aus praktischen Gründen wie Obdach, Handel und Schutz in Kriegszeiten aufgeschichtet. Die andere Wurzel für Stadt ist *civitas*; dieses Wort bezeichnet die Empfindungen.[26]

Diese Definitionsweise schließt sehr eng an Schulers Differenzierung zwischen dem Wahrnehmungs- und dem Vorstellungsraum an. Es erklärt sich somit nahezu von selbst, dass auch der Stadtraum nicht als festgemauerte Ansammlung von Straßen und Häusern, sondern als ein sich ständig erneuerndes Gebilde betrachtet wird, das von den sich darin bewegenden Personen sowie den Ereignissen stets erneuert und geprägt wird. Althans schreibt hierzu:

> Das Phänomen Stadt als Lebensraum mit seiner Architektur, seinen sozialen Schichtungen, seinen unterschiedlichen Kulturen, seinen Sinneseindrücken und seiner Geschichte wird [...] als Raum aufgefaßt, der von den städtischen Akteuren permanent neu gestaltet, re-inszeniert wird.[27]

Erneut rückt somit der Aspekt der individuellen und performativen Gestaltung und Verwandlung von Orten in den Mittelpunkt. Je nach Gebrauch kann ein und derselbe (Stadt-) Raum folglich mit grundlegend unterschiedlicher Bedeutung belegt werden.

> Städte formen sich - performativ - nach dem unterschiedlichen Gebrauch, den Menschen von ihnen machen: Sie sind Bollwer-

---

25 Beispielhafte Publikationen zum Thema Urbanitätsforschung: Häußermann und Siebel 2004, Kaplan, Wheeler und Holloway 2009, Lindner 2004, Sennett 1991.

26 Sennett 1990, 26.

27 Althans 2001, 19.

ke gegen ein feindliches Außen oder offene Zentren, die Handel, Finanzen und Verkehr einladen, durch sie hindurchzuströmen. [...] Sie sind Orte der Verwandlung, wo Fremdes in Vertrautes abgrenzend oder adaptierend umgewandelt und aufgesogen wird.[28]

Wichtig ist jedoch die Einsicht, dass es sich dabei nicht um einen einseitigen Vorgang handelt, bei welchem ausschließlich die Bewohner das Bild und das Gesicht der Städte prägen, im Umkehrschluss beeinflussen auch die Städte ihre Bewohner. „Die Städte prägen, ‚bilden' ihre Bewohner: ihre Art und Weise sich zu geben und ihre Sprechweise, das Tempo ihrer Bewegungen, ihre Gesten, ihre Kleidung, ihren Geschmack und ihre Vorlieben [...]."[29] Für diese Arbeit ist nun von besonderem Interesse, welche Effekte und Rückkopplungen durch die Engführung und die dadurch erzeugte massive Durchdringung von städtischem, theatralem und privatem Raum entstehen.

Da es sich jedoch bei dem hier vorliegenden theatralen Ereignis um die Sonderform Festival als jährlich wiederkehrendes, jeweils zeitlich begrenztes Theaterereignis handelt, soll im Folgenden auch diese Begrifflichkeit kurz beleuchtet werden. Die Forschungsstandpunkte zu Fest, Festspielen und Festivals[30] sind ebenfalls sehr umfangreich und die hohe Publikationsdichte der letzten Jahre zeigt die heutige Relevanz des Themenbereiches.[31] Die Vielzahl an Veröffentlichungen führt

---

28 Althans 2001, 20.

29 Althans 2001, 20.

30 Auf die umfangeichen Forschungsansätze zum Fest kann in diesem Zusammenhang nicht näher eingegangen werden, da dies den Rahmen der Arbeit sprengen würde. Siehe hierzu Assmann 1991, Danuser 2004 und Gebhardt 1987. Eine Unterscheidung zwischen Festival und Festspiel wird in diesem Zusammenhang nicht vorgenommen, es muss jedoch zwischen dem Festspiel als literarische Gattung in Form von Gelegenheitsdichtung und der wiederkehrenden kulturellen Veranstaltung unterschieden werden. In diesem Kontext wird ausschließlich die zweite Form behandelt. Als historische Vorläufer des Festspiels sind die Dionysien der Antike, die Passionsspiele des Mittelalters sowie die Repräsentationskultur des Barock zu benennen. Im 19. Jahrhundert fand eine Verankerung des Festspiels im bürgerlichen Theater als Ausgleich zum regulären Spielbetrieb statt, als erste institutionalisierte Festspielgründung gelten Richard Wagners 1876 gegründete Bayreuther Festspiele, der zahlreiche weitere europäische Festspielgründungen folgten (siehe Schuler 2007, 57.).

31 Eine bibliographische Zusammenstellung zu diesem Thema findet sich unter http://www.festspiel-forschung.de, Stand 17. März 2009.

allerdings nicht zu einer eindeutigeren Terminologie, vielmehr entsteht eine begriffliche Unschärfe.

Eine mögliche Definitionsweise jedoch, die in dem hier abgesteckten Rahmen nützlich zu sein scheint, stammt von Schuler, die das Festspiel als kulturelle Aufführung definiert:

> [...] Festspiele [weisen] in ihrer institutionalisierten Ausprägung - so die These - über das rein ästhetische Ereignis hinaus, artikulieren mittels differenziert eingesetzter Symbolisierungs- und Semantisierungsstrategien das Selbstverständnis einer Gesellschaft [...]. Festspiele sind folglich nicht nur ein multimediales Spektakel, eine Aneinanderreihung mehr oder minder beliebiger Einzelveranstaltungen aus den Bereichen Theater, Oper und Konzert, sondern prägen und strukturieren durch ihre programmatische Ausrichtung den Erfahrungshorizont ihrer Besucher.[32]

Eine weitere Überlegung, die im Falle von Avignon - besonders bei der Frage nach den Grenzen zwischen öffentlichem und privatem Raum - von Belang zu sein scheint und die mit der Begrifflichkeit Schulers verknüpft werden kann, stammt aus Jan Assmanns Forschungen zum Fest und dessen Abgrenzung zum Alltag:

> Das Fest ist der Ort des Anderen. Das ‚Andere' ist dabei verstanden als das Andere des Alltags, der Inbegriff all dessen, was eine Kultur im Interesse ihres alltäglichen Funktionierens ausblenden muß. Die These ist, daß eine Kultur mehr Sinn produziert, als sie im Alltag gebrauchen kann, oder, anders gewendet, daß der Mensch auf mehr Sinn angewiesen ist, als es für die Bewältigung des Alltags nötig, ja: förderlich ist. Der Mensch ist darauf angelegt, in zwei Welten zu leben. Das Leben kann im Alltag nicht aufgehen. Es muß Orte schaffen für das Andere des Alltags, das im Alltag Ausgeblendete.[33]

Durch die Verlagerung dieses Anderen ins Fest wird gewissermaßen eine Verräumlichung außeralltäglicher Ereignisse vorgenommen. Interessant ist dieser Aspekt besonders deswegen, weil in der Zeit des Festivals in Avignon diese sogenannten Orte des Anderen die gesamte Stadt einnehmen. Dadurch werden, so die These, die Alltagsorte nahezu vollständig verdrängt. Schuler greift bei ihrer Festspieldefinition

---

32 Schuler 2007, 55.

33 Assmann 1991, 13.

den Aspekt des Außeralltäglichen auf und bereichert ihn durch gesellschaftliche und kulturelle Verankerung:

> Gemeinsam ist den meisten Festspielgründungen der Wunsch nach außergewöhnlichen, atmosphärisch ‚dichten' künstlerischen Ereignissen von hoher Qualität, die aus dem Alltag herausgehoben sind und in einem besonderen Verhältnis zu den kulturellen Traditionen und/oder dem sog. ‚genius loci' einer Stadt bzw. Landschaft stehen.[34]

Angesprochen wird hierdurch die Frage nach der Fähigkeit von Orten und Ereignissen, die Funktion der Bewahrung von Erinnerungen aller Art zu übernehmen. „Somit werden Räume zu dynamischen ‚Speichermedien' des kulturellen Gedächtnisses und können durch immer neue Nutzungsmöglichkeiten und kulturelle Praktiken ‚überschrieben' und in ihrer Sinngebung variiert werden."[35] Ein bedeutender Vertreter des Forschungsschwerpunktes Gedächtnis und Erinnerung ist Pierre Nora, mit dessen Theorien zur Erinnerungsspeicherung an Orten sich das Kapitel 4.1 näher befassen wird. Spricht Nora von einer Speicherung von Gedächtnisfragmenten in Orten[36], so bezeichnet Schuler

> Festspiele als ‚Reservate' einer verblassenden Festkultur [...]. Im Rahmen von Festspielen werden bestimmte Aspekte des kulturellen Gedächtnisses spielerisch dargestellt und vergegenwärtigt. Festspiele leisten also einen Beitrag zur ‚Zirkulation des kulturellen Sinnvorrats', bestätigen oder verhandeln geltende Wertvorstellungen und Traditionen. Versteht man Festspiele in diesem Sinne als Orte der Sinnverdichtung, übernehmen sie folglich auch eine rahmende Funktion und geben Interpretationsschemata für bestimmte Situationen vor.[37]

Auf der Basis der in diesem Kapitel erarbeiteten Begriffsgrundlagen folgt nun die Annäherung an die Forschungsfrage selbst, wobei aufbauend auf der Erkenntnis, dass sich Ereignisse und die sie umgebenden Orte wechselseitig beeinflussen, mit der Betrachtung der Stadt Avignon unter geographisch topographischen sowie (kultur-) geschichtlichen Aspekten begonnen wird.

---

34 Schuler 2007, 57.

35 Schuler 2007, 61.

36 Siehe Nora 1990, 13ff.

37 Schuler 2007, 61f.

3 Avignon als topographischer und historischer Ort

Lässt man sich auf die Überlegung ein, warum sich das Festival gerade in Avignon und nicht an einem beliebigen anderen Ort angesiedelt hat, könnte man sich mit der schlichten Erklärung begnügen, es handle sich dabei um das Zusammentreffen zufälliger Begebenheiten und persönlicher Vorlieben. Sicherlich spielen diese Aspekte in den Prozess der Ortswahl mit hinein, und doch wäre es eine drastische Vereinfachung, wenn man sich allein mit diesem Argument zufrieden gäbe. Jede Stadt ist in ihrer spezifischen Struktur, Lage, Geschichte und Atmosphäre einzigartig und somit auch in ihrer Art, auf Veränderungen und Einflüsse von außen zu reagieren. Bei der Beherbergung eines solch raumgreifenden Ereignisses, wie es das Festival von Beginn an war und bis heute in zunehmendem Maße ist, entstehen eine Vielzahl an Wechselwirkungen und Verknüpfungen mit der Stadt, sodass von einer Austauschbarkeit des Ortes nicht die Rede sein kann. Daraus ergibt sich, dass Avignon dem Festival nicht nur als Rahmen dient, sondern als konstituierendes Element, sozusagen als einer der Hauptakteure fungiert. Dieser zentralen Stellung ist das folgende Kapitel geschuldet, in dem der Ort Avignon unter topographischen, geschichtlichen und festivalgeschichtlichen Aspekten beleuchtet wird. Im Rahmen dieser Arbeit ist nur eine schlaglichtartige Betrachtung dieser umfassenden Themengebiete möglich, bei der einige für den gewählten Kontext relevant erscheinende Aspekte herausgegriffen werden.

3.1 Topographisch

Die Betrachtung der Spielstätten des *Festival d'Avignon* wäre nicht sinnvoll oder besonders aussagekräftig, würde man sie isoliert und ohne eine Einbettung in größere topographische Zusammenhänge vornehmen. Allgemein gehalten vertritt diesen Standpunkt auch Marvin Carlson, für den die Analyse der Umgebung eines theatralen Raumes - in architektonischer und soziologischer Hinsicht - integraler Bestandteil der Betrachtung ist.

> We are now at least equally likely to look at the theatre experience in a more global way, as a sociocultural event whose meanings and interpretations are not to be sought exclusively in the text being performed but in the experience of the audience assembled to share in the creation of the total event. Such a change of focus requires also a change in the way we look at

> the places where theatrical performance occurs, which may or may not be traditional theatre buildings. [...] The entire theatre, its audience arrangements, its other public spaces, its physical appearance, even its location within a city, are all important elements of the process by which an audience makes meaning of its experience.[38]

Die darauf aufbauende Vorgehensweise, die im Folgenden gewählt wird, führt gewissermaßen vom Großen zum Kleinen, beginnend mit einem Blick aus der Vogelperspektive auf die Lage und Position Avignons innerhalb Frankreichs und unter besonderer Beachtung der geographischen Einbettung sowie des Verhältnisses zu umliegenden Städten und zur Hauptstadt Paris. Ebenso wird nach der Nähe zu zentralen Gewässern Frankreichs und der Anbindung und Verkehrslage Avignons zu fragen sein. Im Anschluss daran nähert sich die Betrachtung der Stadt selbst und richtet sich auf deren topographische Gegebenheiten, wobei sowohl die grobe Struktur bezüglich der Form und der Gebietseinteilung als auch die Lage der Gebäude zueinander und deren Nutzung in den Blick genommen werden. Als Analysewerkzeug dienen hierbei die Ausführungen Kevin Lynchs zum *Bild der Stadt*[39], die einige nützliche Kategorisierungen städtischer Elemente enthalten. Abschließend wird speziell die Festivaltopographie unter Beachtung der Position und des Verhältnisses der Spielstätten zueinander in Augenschein genommen. Hierbei schwingt die Frage mit, inwieweit die Stadttopographie außerhalb der Festivalzeit durch das Festival modifiziert wird.

3.1.1 Lage und Position innerhalb Frankreichs

Die Stadt Avignon liegt in der Provence und dient als Verwaltungssitz des Département Vaucluse. Mit ihren circa 90 000 Einwohnern zählt sie nicht zu den größten Städten Frankreichs, dennoch hebt sie sich durch einige geographische und topographische Begebenheiten von anderen Ansiedlungen mit dieser Bevölkerungszahl ab. Eine Besön-

---

38 Carlson 1989, 2.

39 Lynch, Kevin: *Das Bild der Stadt*. Frankfurt/Main, Berlin 1965.
Es muss beachtet werden, dass der Text aus den 60er Jahren stammt und sehr stark den Denkweisen seiner Zeit verhaftet ist. Gegenwärtige Urbanitätsforschung setzt andere Schwerpunkte, als dies in der hier zitierten Arbeit der Fall ist. Die Begriffe, welche Lynch jedoch entwickelt, sind sehr gut operationalisierbar und dienen der Gliederung der Stadt in klar beschreib- und unterscheidbare Elemente.

derheit, die Avignon schon früh zu besiedeltem Gebiet machte, ist beispielsweise ihre Lage in der Nähe zweier Flüsse, von der Rhône halb umschlossen und nördlich der Durance-Mündung gelegen,

> elle [Avignon] appartient au monde des fleuves. C'est la puissance de l'eau qui coule au pied de ses remparts et bouillonne aux piles de ses ponts qui lui a donné son site et sa culture, son histoire, sa mémoire et son économie. Sans l'eau, point de ville; car sans l'eau, point de frontière à gérer, point de trafic à capter, point de soldatesque à repousser, de touristes à attirer, d'échanges à organiser.[40]

Avignon wird häufig als „carrefour naturel"[41], als „natürliche Kreuzung" beschrieben, die sich für die Ansiedlung einer bedeutungsvollen Stadt eignet. „À ce carrefour bien marqué par la géographie, il était logique que s'établisse une ville importante."[42] De facto jedoch schwankte die Stadt „sans pouvoir de capitale, mais assez grande pour héberger un pape et sa cour"[43] von Beginn an zwischen Bedeutung und Provinzialität, was nicht zuletzt auch auf geographische Gegebenheiten zurückführbar ist. Im Gesamtbild Frankreichs nimmt Avignon eher eine Randlage ein und ist zudem recht weit von der Hauptstadt Paris entfernt. Durch den ausgeprägten (Binnen-) Tourismus in Richtung Côte d'Azur ist sie dennoch an einer der Hauptverkehrs- und Reiseachsen gelegen. Dies zeigt sich daran, dass Avignon einen Knotenpunkt der aus Paris kommenden TGV-Linien darstellt, die sich dort in die Richtungen Marseille und Nizza sowie Montpellier aufspalten.[44] Zudem verläuft entlang der Stadt die zentrale Nationalstraße 7, die eine Verbindung zwischen großen Teilen Europas und dem Mittelmeer darstellt. „Là coula la magique Nationale 7 qui ouvrit la Méditerranée à une partie de l'Europe ludique et touristique."[45] Zudem liegen zahlreiche bedeutende und viel bereiste Städte in der näheren Umgebung, wie beispielsweise Marseille, Montpellier, Nizza, Cannes und Aix-en-Provence. Je nach Bewertung kann Avignon aus diesen Gründen entweder als Verkehrsknotenpunkt oder eben auch als bloße Durchgangsstadt gesehen werde, was Viard als sich über Epochen durchziehendes Charakteristikum der Stadt beschreibt:

---

40 Viard 1990, 14.

41 Auriac 1990, 142.

42 Moulina 1990, 21.

43 Viard 1990, 15.

44 Siehe Moulina 1990, 20f.

45 Viard 1990, 14.

> Depuis toujours, les mêmes causes produisant les mêmes effets, Avignon fut ville du passage. Avant les touristes, avant les légumes frais, avant le bataillon des Marseillais, avant les papes et même avant l'Église de Dieu [...]. Ainsi, avant de se donner au théâtre, la ville a-t-elle accumulé un savoir de la gestion du passage d'hommes et de biens qui coule à ses flancs sans être venu pour elle.[46]

Auch auf wirtschaftlicher Ebene trifft die oben benannte Zweischneidigkeit zu. Stellt Avignon zwar seit langem einen wichtigen Standort für den Handel mit Getreide, Wein, Öl und Obst dar, so scheint doch vor allem in neuerer Zeit keine optimale Ausnutzung dieser Potenziale vorgenommen zu werden. Ebenso fehlt der Stadt die Präsenz auf neuen, zukunftsträchtigen Märkten. „[...] en 1990, Avignon n'est qu'une ville de taille médiocre. [...] Son développement économique est loin d'être à la hauteur de son renom et sa croissance n'a pas répondu aux avantages évidents de sa situation."[47]

Als letztes Beispiel für das Spannungsfeld zwischen Bedeutsamkeit und Bedeutungslosigkeit, das die Stadt auf vielen Ebenen charakterisiert, soll der Bekanntheitsgrad Avignons angeführt werden. Dieser liegt laut Moulina zwar weit über dem Durchschnitt anderer Städte ihrer Größe, ist jedoch häufig einer Reduzierung auf wenige Merkmale unterworfen. Das führt dazu, dass viele Ortsfremde mit dem Namen Avignon nicht die reale heutige Stadt assoziieren, sondern lediglich einige Versatzstücke ihrer Geschichte - oder einfach nur das bekannte Volkslied über die Brücke, auf der getanzt wird.[48]

Es lässt sich abschließend sagen, dass die von ländlichen Gebieten umgebene und am Fuße des Mont Ventoux gelegene Provencestadt heute eher als Provinz(haupt)stadt denn als urbanes Ballungszentrum eingestuft werden kann. Umso spannender wird dadurch jedoch die Frage, was mit dieser ansonsten eher beschaulichen Stadt passiert, wenn ein Festival einen Eroberungsversuch gehobener Größenordnung unternimmt.

---

46 Viard 1990, 14f.

47 Moulina 1990, 20.

48 Siehe Moulina 1990, 20.

3.1.2 Stadttopographie

Die Bearbeitung der eingangs gestellten Forschungsfrage setzt die Kenntnis der Stadtstruktur Avignons und der topographischen Gegebenheiten voraus, um das Ausmaß und die Strategien der sogenannten Eroberung voll erfassen zu können [Abb.1]. Als Werkzeug für die Beschreibung und Analyse Avignons unter topographischen Aspekten sollen die Ausführungen Kevin Lynchs über *Das Bild der Stadt*[49] dienen. Als nützlich erweist sich vor allem seine Verwendung einiger einfacher und greifbarer Begriffe, die zu einer systematischen Betrachtung urbaner Zusammenschlüsse verhelfen. Bei den dadurch entstehenden, teilweise stark verkürzenden Kategorien verliert er in seinen Ausführungen dennoch nicht aus den Augen, dass es sich bei Städten - wie bereits im Grundlagenkapitel bei den Begriffsdefinitionen ausgeführt - um sich stetig wandelnde und vielschichtige Gebilde handelt, bei denen unterschiedlichste Perspektiven und Betrachtungswinkel möglich sind, was eine vollständige Erfassung aller Schichten und Ebenen nicht möglich macht.

> Es ist in jedem Augenblick mehr vorhanden, als das Auge zu sehen und das Ohr zu hören vermag - immer gibt es einen Hintergrund oder eine Aussicht, die darauf warten, erforscht zu werden. Nichts wird durch sich selbst erfahren, alles steht im Zusammenhang mit seiner Umgebung, mit der Aufeinanderfolge von Ereignissen, die zu ihm hinführen, mit der Erinnerung an vergangene Erlebnisse.[50]

Lynch beschränkt sich zudem nicht auf die baulichen Strukturen einer Stadt, sondern berücksichtigt auch sogenannte bewegliche Elemente. Der einzelne Mensch als Bewohner, Passant oder Betrachter der Stadt spielt dabei eine konstituierende Rolle.

> Die beweglichen Elemente einer Stadt - insbesondere die Menschen und ihre Tätigkeiten - sind genauso von Bedeutung wie die stationären physischen Elemente. Wir sind nicht einfach Beobachter dieses Schauspiels - wir spielen selber mit und bewegen uns auf der Bühne gemeinsam mit den anderen Spielern. Meistens ist unsere Wahrnehmung von der Stadt nicht ungeteilt und gleichmäßig, sondern vielmehr zerstückelt, fragmentarisch, mit anderen Dingen und Interessen vermischt.

---

49 Siehe Lynch 1965.

50 Lynch 1965, 10.

> Fast alle Sinne treten in Tätigkeit, und das vorgestellte Bild setzt sich aus ihnen allen zusammen.[51]

Zunächst werden nun die von Lynch erstellten Kategorien[52] vorgestellt, um diese im Anschluss auf den konkreten Fall Avignon anwenden zu können. Der Schwerpunkt liegt hier auf der Stadtstruktur als solcher, wie sie außerhalb der Festivalzeit zu beobachten ist. Mögliche Achsenverschiebungen während des Theatersommers werden im nachfolgenden Kapitel thematisiert.

Als erstes Element benennt Lynch die Wege, die eine Stadt wie ein Kanalnetz durchziehen und somit die Fortbewegung erleichtern und strukturieren. Des Weiteren spricht er von Grenzlinien oder auch Rändern, die „nicht als Wege benutzt oder gewertet werden. Sie sind Grenzen zwischen zwei Gebieten“[53]. Beispiele für diese Ränder können Küsten, Mauern und ähnliches sein. Sie haben die Funktion von Schranken, die aber nicht unüberwindbar sind und in bestimmten Kontexten auch als Verbindungsnähte oder Gliederungselemente dienen können. Bei den eben erwähnten Gebieten oder auch Bereichen handelt es sich um klar unterscheidbare Stadtabschnitte, die beispielsweise zur organisatorischen Einteilung genutzt werden. Hinzu kommen die Brennpunkte, die durch ihre Funktion als intensiv genutzte Knoten-, Treff- und Konzentrationspunkte eine zentrale Position innerhalb der Stadt einnehmen. „Der Brennpunkt soll in seinem Wesen ein unverwechselbarer, unvergeßlicher *Ort* sein. Die Intensität der Nutzung verstärkt natürlich die Identität des Ortes [...].“[54] Bei dem letzten, meist zumindest auf den ersten Blick prägnantesten Element handelt es sich um Merk- oder Wahrzeichen, die bereits aus der Ferne sichtbar und auch über die Stadtgrenzen hinaus bekannt sind.

Die Zuordnung und Gewichtung der verschiedenen Elemente kann nun je nach Anschauungswinkel abweichen, jedoch tritt keines vollkommen isoliert auf, sondern immer im Zusammenspiel mit anderen, sei es auch nur durch Abgrenzung. Zu Beschreibungszwecken wird dennoch eine künstliche Trennung der Kategorien vonnöten sein, ohne deren Verknüpftheit und Zusammengehörigkeit damit in Frage stellen zu wollen.

---

51 Lynch 1965, 10f.

52 Siehe Lynch 1965, 60-63.

53 Lynch 1965, 61.

54 Lynch 1965, 122.

Kommt man nun zunächst zu den Wegen Avignons, so fällt auf, dass der mittelalterliche Stadtkern durch zahlreiche kleine, verwinkelte Straßen geprägt ist. Beinahe ebenso charakteristisch ist aber, dass sich ausgehend vom am südlichen Rand der Stadtmauer gelegenen Bahnhof und dem im Norden befindlichen Parkhügel Rocher des Doms eine durchgehende Senkrechtachse[55] durch die Stadt zieht. Lynch nennt diese Art von Wegen Hauptlinien, die einerseits durch ihre prominente Lage, andererseits durch eine besonders intensive Nutzung oder eine ungewöhnliche Funktion gekennzeichnet sind.[56] Anhand dieser Hauptader Avignons ist eine mühelose Groborientierung innerhalb des Stadtkerns möglich, was jene zu einer Art rotem Faden macht. Zudem liegen viele der bedeutendsten beziehungsweise meist besuchten Gebäude und Plätze an dieser Linie: der Papstpalast und dessen Vorplatz, der Rocher des Doms, das Théâtre Municipal, der Place de l'Horloge, das Rathaus, die Touristikzentrale und in der Verlängerung über die Stadtmauer hinaus auch der Bahnhof.

Schon anhand dieser Schilderung wird die enge Verknüpftheit der einzelnen Elemente und die Künstlichkeit ihrer getrennten Beschreibung deutlich, da sich entlang der genannten Achse - und diese somit teilweise auch konstituierend - auch die wichtigsten Brennpunkte der Stadt befinden. Herauszuheben gilt es zwei der belebtesten Plätze der Stadt: den eben genannten Place de l'Horloge, der die Funktion eines Marktplatzes innehat und mit seinen zahlreichen Cafés und Restaurants auch als Begegnungsort hoch frequentiert wird sowie den davon nur durch eine kleine Übergangsgasse getrennten Vorplatz des Papstpalastes. Dieser dient heute vorwiegend als touristische Anlaufstelle, stellt darüber hinaus aber ebenso wie der Place de l'Horloge innerhalb und außerhalb der Festivalzeit ein Zentrum der Begegnung und des städtischen Lebens dar.

Macht man sich auf die Suche nach den Grenzlinien der Stadt, werden diese am deutlichsten durch ein Luftbild oder einen Blick auf die Karte sichtbar. Rasch stellt man so fest, dass eine sehr auffällige Grundform vorliegt, die sich von vielen anderen Städten abhebt. Die Innenstadt ähnelt einem Oval und ist von einer geschlossenen Stadtmauer umgeben. Lynch schreibt dazu: „Ebenso wie die Wege erfordern auch die

---

55 Diese Hauptachse setzt sich, von Süden kommend, aus dem Cours J. Jaurès, der Rue de la République, dem Place de l'Horloge und schließlich dem Place du Palais zusammen. Siehe hierzu die durch die Verfasserin eingefügte Markierung in Abbildung 1.

56 Siehe Lynch 1965, 115.

Grenzlinien eine gewisse formale Kontinuität."[57] Dies ist, so Lynch, sehr einprägsam bei dem „abrupten Ende der mittelalterlichen Stadt an der Mauer"[58] zu beobachten. Eben dieser Fall ist in Avignon gegeben und die genannte formale Kontinuität sowie der Eindruck von Geschlossenheit wird durch die Umfließung durch die Rhône, die sich in einer Kurve auf nördlicher und westlicher Seite um die Stadt schmiegt, unterstützt, sodass beinahe der Eindruck eines Burggrabens entstehen könnte. Im Süden und Osten wird eine Umschließung durch Bahnschienen sichtbar, die ebenfalls als Ränder oder Grenzen, natürlich aber auch als Schnittstelle zu anderen Städten gesehen werden können. Das Oval, das die Stadtmauern bilden, wird somit durch den Fluss und die Bahnschienen verdoppelt, sodass deren Grenzfunktion besonders hervorgehoben wird. „La ville est doublement délimitée: par les remparts et par le fleuve. Frontières culturelles d'une ville à histoire longue et frontières naturelles d'une ville protégée par l'eau."[59]

Die Merkzeichen Avignons wiederum präsentieren sich am eindrucksvollsten bei einem Blick von der gegenüberliegenden Rhôneseite, von wo aus sich eine klar strukturierte und komponierte Silhouette bietet. [Abb.2] Durch die hügelförmige Anordnung der Stadt präsentieren sich dem Außenstehenden die zentralen Wahrzeichen. Zunächst sieht man die erhaltenen Reste der Brücke St. Bénézet aus dem 12. Jahrhundert, die nicht zuletzt durch das Tanzlied aus dem 15. Jahrhundert große Bekanntheit genießt. Des Weiteren thront der Papstpalast über der Stadt, als „ancien lieu de l'universalité chrétienne et de l'exercice d'un pouvoir à la fois temporel et spirituel, espace d'exposition de la puissance dans ses différentes dimensions, est en position de domination physique de la ville."[60] Nicht jeder erkennt jedoch diese Vormachtstellung an; so bezeichnete beispielsweise Rilke in einem Brief das Bauwerk als in sich geschlossenes und nach außen weitgehend abgeschottetes Gebiet der Stadt, welches eher als Speicher vergangener Ereignisse[61] diene, als mit der umliegenden Stadt in Korrespondenz zu treten.

---

57 Lynch 1965, 119.

58 Lynch 1965, 119.

59 Banu 1996, 25.

60 Proust 1996, 282.

61 Diese Grundannahme, dass historische Bauten die Erinnerung vergangener Zeiten speichern und weitergeben können, greift Pierre Nora auf; sie wird

> Fast täglich, während siebzehn Tagen, habe ich den immensen Papstpalast gesehen, diese hermetisch verschlossene Burg, in der die Papstschaft, da sie sich am Rande anfaulen fühlte, sich zu konservieren gedachte, sich selber einkochend in einer letzten echten Leidenschaft. Sooft man dieses verzweifelte Haus auch wiedersieht, es steht auf einem Felsen von Unwahrscheinlichkeit, und man kommt nur hinein mit einem Sprung über alles Bisherige und Glaubhafte.[62]

Durch den großen Innenhof und die damit gegebene Öffnung gen Himmel besteht jedoch zumindest eine eingeschränkte Durchlässigkeit gegenüber dem städtischen Geschehen. „Ouvert sur le ciel, cet espace n'est pas totalement isolé de l'activité urbaine extérieure."[63] Es besteht somit ein Unterschied zwischen der gut sichtbaren Position des Palastes innerhalb Avignons Silhouette, der Monumentalität des Gebäudes und der Randlage innerhalb der Stadtstruktur. Die Zentrierung um den Papstpalast - auch in Zeiten des Festivals von großer Bedeutung - ist folglich vorrangig symbolischer, nicht so sehr topographischer Natur. Diese Vermutung schließt sich Lynchs Ausführungen bezüglich der Bildung oder Intensivierung von Merkzeichen an.

> Die Bildhaftigkeit eines Merkzeichens wächst, wenn es gleichzeitig mit einer Konzentration von Erinnerung verbunden ist. Wenn das ungewöhnliche Gebäude Schauplatz historischer Ereignisse war oder wenn die leuchtend angemalte Tür die eigene ist, dann rücken diese Dinge ohnehin in den Rang eines Merk- oder Wahrzeichens. Und wenn der Name allgemein bekannt und anerkannt ist, dann hat allein die Benennung eines Ortes oder Bauwerkes wahrzeichenbildende Kraft.[64]

Der Papstpalast ist hierfür ein besonders gutes Beispiel, da er eine sehr hohe Dichte an geschichtlichen Ereignissen aufweist, die auf das Image der Stadt zurückstrahlen und welche sich das Festival, wie sich später zeigen wird, in vielfältiger Weise zunutze macht.

Bei der Anwendung von Lynchs Kategorie des Gebietes auf die Stadttopographie Avignons scheint es in diesem Zusammenhang nicht von großer Relevanz zu sein, die einzelnen Stadtviertel in ihrer Verwaltungsstruktur zu benennen. Daher wird ausschließlich ein kurzer

---

in Kapitel 4.1.1 zu der Theatralisierung historischer Räume näher beleuchtet.

62 Aus Rilkes Briefen, zitiert nach Kerscher 2000, 334.

63 Proust 1996, 279.

64 Lynch 1965, 121.

Blick auf die Unterteilung in zwei Großgebiete, jene innerhalb und jene außerhalb der Stadtmauern, geworfen werden. Diese Unterscheidung, die bei vielen mittelalterlichen Städten vorgenommen werden könnte, erscheint gerade in dieser Stadt als besonders prägend, da eine rigorose Ausgrenzung moderner Viertel aus dem repräsentativen Innenstadtbereich zu bemerken ist, ohne dass verbindende Elemente zwischen beiden zu finden wären.

> [...] aujourd'hui la ville résidentielle et moderne a été rejetée hors remparts sans liens et passages, sans continuité et amitié; comme si Avignon, toujours, ne pouvait cesser d'être d'abord une ville discursive et démonstrative, cours d'histoire fait ville, concrétion intellectuelle de pierre blonde polie par le mistral. Ville de mots et d'images en somme, avant d'être aux hommes et aux affaires.[65]

Hiermit wird der Stadt vorgeworfen, sie stelle die Wahrung und Repräsentation ihrer historischen Geschlossenheit über das alltägliche Leben ihrer Bewohner. Sollte sich dies bestätigen, so würde das die Aberkennung des Prädikats einer lebendigen, belebten Stadt außerhalb des touristischen Betriebes bedeuten.[66] Man kann daher die Vermutung anstellen, dass das Festival durch die Verbindung historischer, öffentlicher und privater Räume eine Eroberung der Stadt durch deren Wiederbelebung und die Verknüpfung verschiedener Gebiete unternimmt.

3.1.3 Festivaltopographie

Wie bereits erwähnt, bedarf es in einer Stadt gewisser Merkmale, damit sich eine Kulturveranstaltung im Ausmaß des *Festival d'Avignon* dort ansiedeln und vor allem etablieren kann. Dies bestätigen auch Loyer und de Baecque: „Pour accueillir un festival, un cadre urbain particulier est nécessaire à une ville. D'emblée, Avignon le possède."[67] Nachdem im vorangegangenen Kapitel die einzelnen Stadtelemente herausgearbeitet wurden, werden nun speziell jene topographischen Strukturen beleuchtet, die durch das Festival genutzt beziehungsweise neu geschaffen wurden. Hierbei schwingt die Frage mit, ob innerhalb der Stadt unter Einfluss des Festivals gewisse Achsen- und Schwer-

---

65 Viard 1990, 15.

66 Zieht man diese Trennlinie, können die Gebiete außerhalb der Stadt aus der Perspektive der Repräsentation auch als Ränder bezeichnet werden.

67 Loyer und de Baecque 2007, 33.

punktverschiebungen zu vermerken sind. Das Festival besteht, wie im Verlauf der Arbeit ersichtlich wird, in seiner heutigen Ausprägung aus einem offiziellen Festival, dem *Festival d'Avignon*, umgangssprachlich auch *In* genannt, und einem Ende der 60er Jahre entstandenen freien Festival, dem *OFF*. Diese finden etwa zeitgleich statt und können aus aktueller Warte als eine Einheit von zwei ineinandergreifenden, in ihrer Organisationsstruktur jedoch gänzlich voneinander getrennten Bestandteilen des avignonesischen Festspielsommers bezeichnet werden. Auch in der Wahl der Spielorte sind sie klar voneinander zu unterscheiden. Die einzige Ausnahme stellt das ideologische Element des Spiels unter freiem Himmel als einer der konstituierenden Faktoren dar.[68]

> Le dehors s'impose, dès l'origine, comme vocation et essence des lieux du Festival. [...] La nuit provençale – voilà l'élément à même de dialoguer avec la majesté du Mur. Entre les deux, cet intermédiaire fragile et précaire qu'est le théâtre. Le *off* cultive les ressources d'un dehors diurne. Il se sent exclu de l'autre, et dès l'aube du Festival, à savoir à midi, les artisans en devenir du théâtre se lancent dans des parades et démonstrations publiques, occupent les trottoirs, animent les places. [69]

Das *In* siedelte sich zu diesem Zweck von Anfang an vorwiegend in den Innenhöfen historischer Bauten an. Erst später erwachte das Interesse an der Erschließung neuer, andersartiger Räume, wie des 15 Kilometer von Avignon entfernten Steinbruchs Carrière Callet de Boulbon[70]. Das Ziel war es stets, feste Orte über längere Zeiträume zu etablieren und sie zu dauerhaften Bestandteilen des Festivals zu machen. Banu nennt diese Spielorte „lieux canoniques"[71] und grenzt sie somit von jenen des *OFF* ab, die als „lieux épisodiques"[72] stets neu entstehen, sich in spontaner Weise eine Nische innerhalb der Stadt suchen und ebenso schnell auch wieder verschwinden. Dies geschieht in Form von „[...] apparitions/disparitions dans le grimoire du Festival. Ainsi

---

68 Es finden auch zahlreiche Theateraufführungen in geschlossenen Räumen statt, jedoch liegt ein deutlicher Fokus auf dem Freiluftspiel.

69 Banu 1996, 59.

70 Auf diesen außergewöhnlichen Spielort, der 1985 anlässlich der Aufführung von Peter Brooks *Le Mahabharata* eingeweiht wurde, geht Kapitel 4.2.2.2 ausführlich ein, weswegen er an dieser Stelle nicht näher erläutert wird..

71 Banu 1996, 35.

72 Banu 1996, 35.

coexistent dans la ville intermédiaire poétique de la mémoire et esthétique de la disparition."[73] Da die flüchtige und streuende Raumerschließung des *OFF* in Kapitel 4.2.3.2 näher betrachtet wird, folgt an dieser Stelle ausschließlich ein kurzer Blick auf ausgewählte „kanonische" Orte und deren topographische Anordnung. Das Herausgreifen einzelner „episodischer" Spielorte aus dem genannten Kollektiv wäre ohnehin äußerst willkürlich, da bei diesen, wie gesagt, eher der Vorgang des Sich-neue-Orte-Suchens und Sie-anschließend-wieder-Verlassens im Mittelpunkt steht als die konkrete Räumlichkeit als solche.

Der bis heute wichtigste und prägnanteste Spielort des *In* ist der Cour d'Honneur[74], der große Ehrenhof des Papstpalastes. An diesem Ort, den Bernard Faivre d'Arcier als „immense chambre étoilée"[75] bezeichnete, fand 1947 die Gründungsinszenierung des Festivals[76] statt. Seither gilt er als symbolisches Zentrum des Festivals, wenn auch, wie im vorherigen Kapitel ausgeführt, nicht als topographisches.[77] Unterstützt wird der Charakter eines Ballungszentrums heute durch die intensive Nutzung des Vorplatzes des Palais des Papes durch das *OFF*.[78] Des weiteren sollen die Klosterinnenhöfe der Stadt exemplarisch für die Theatralisierung historischer Spielstätten vorgestellt werden. Zunächst sind das Cloître und die zugehörige Église des Célestins zu nennen, die seit den späten 60er Jahren zu den festen Bestandteilen der Festivaltopographie zählen. Der Innenhof des Klosters, von außen nicht einsehbar und an einem von der Hauptachse aus zurückgesetzten Platz gelegen, hebt sich von anderen Spielstätten durch die zwei großen Platanen ab, die mitten auf dem Platz und somit auf der Bühne

---

73 Banu 1996, 36.

74 Da dem Cour d'Honneur im Zuge der weiteren Überlegungen ein eigenes Kapitel gewidmet ist, wird er in diesem Kontext vergleichsweise knapp behandelt. Siehe Kapitel 4.1.3

75 Faivre d'Arcier 1996, 16.

76 Hierbei handelte es sich um Vilars Inszenierung von Shakespeares *Richard II*, die als Anschauungsbeispiel zur Eroberung historischer Räume in Kapitel 4.1.4 näher analysiert wird.

77 Siehe Banu 1996, 45.

78 Bei Phänomenen wie diesem ist es schwierig, eine Unterscheidung von Ursache und Wirkung vorzunehmen, da man sowohl annehmen kann, dass sich die Truppen an den ohnehin bestehenden, symbolischen Mittelpunkt der Stadt angliedern, als auch, dass der Fokus in dieser Ausgeprägtheit erst dadurch entsteht, dass sich die *OFF*-Gruppen diesen Ort auswählen.

stehen. „Les platanes du Cloître des Célestins s'intègrent à l'identité du lieu, rendue par eux plus attachante [...].“[79] Von außen recht unscheinbar, mit einer „façade sur la place, très sobre, [...] ornée d'une rose réalisées au XVe siècle“[80], liegt der dritte historische Spielort an einem kleinen Platz am Rande der Altstadt: das Cloître des Carmes. Betritt man dessen Innenhof, zeigen sich besonders der Glockenturm und der den Zuschauer- und Bühnenraum umschließende Kreuzgang als Charakteristika der Spielstätte.[81] Wie in Kapitel 4.2.3 näher erläutert wird, stellte dieser Ort sowohl einen zentralen Knotenpunkt der Geschehnisse des Jahres 1968 sowie der *OFF*-Entstehung dar.[82]

Betrachtet man nun die drei genannten historischen Spielorte auf einer Karte [Abb.1] unter dem Aspekt der topographischen Positionierung zueinander und zu der übrigen Stadt, so stellt man fest, dass sie sich zu einem Dreieck verbinden lassen, in deren Mitte die mittelalterliche Innenstadt eingeschlossen wird. Wie die Abbildung zeigt, wurden die Orte folglich, ob bewusst oder unbewusst, so ausgesucht, dass das Festival die Stadt gewissermaßen mit theatraler Aktion umzingelte. Das *OFF* fügte sich in diese topographische Rahmung ein, indem es sich schwerpunktmäßig in der Altstadt und somit innerhalb jenes Dreiecks ansiedelte. Auf diese Weise entstand eine Engführung zwischen städtischen und theatralen Wegen: Jeder Festivalbesucher, der fortan von einer der *IN*-Spielstätten zur anderen gehen wollte, und auch jeder Tourist, der die mit den Theaterorten kongruenten Monumente der Stadt besichtigte, wurde damals wie heute notgedrungen durch die Innenstadt und somit gleichsam durch das Ballungszentrum Avignons und des *OFF* geleitet. Auf diese Weise wurden die Festivalkonzepte Vilars, beruhend auf Kommunikation und Begegnung, mittels topographischer Strukturen befördert und forciert. Zur weiteren Verfolgung des Konzeptes wurden Diskussions- und Begegnungsfo-

---

79 Banu 1996, 30.

80 http://www.festival-avignon.com/index.php?r=97; Stand: 4.12.2008.

81 Nähere Ausführungen zu dem Cloître des Célestins und dem Cloître des Carmes und dessen ursprünglicher Nutzung siehe Ballé 1984, 48-51 sowie unter http://www.festival-avignon.com/index.php?r=98, Stand: 20.3.2009.

82 Nach einer symbolischen Befreiung der Schauspieler des *Living Theatres* aus den Mauern des Cloître des Carmes durch das Publikum startete von dort aus ein großer Menschenzug, der die Eroberung der Straße durch das Theater verkündete. Mehr zu diesem Thema siehe in Kapitel 4.2.3.1.

ren eingerichtet. In den ersten Festivaljahrzehnten stellte deren Zentrum der Verger d'Urbain V. dar,[83] ein

> jardin situé au pied du Palais, [...] historiquement propice à la méditation. L'ancien moine bénédictin avait fait aménager ce résumé du paradis terrestre pour y goûter la paix de quelques promenades avec ses cardinaux favoris, y deviser avant de regagner ses appartements.[84]

Durch die im Vergleich zu dem Vorplatz des Palastes oder dem Place de l'Horloge deutlich geschütztere Lage war dieser Ort auch in Festivalzeiten von dem städtischen Treiben weitgehend abgeschirmt. Dennoch blieb der meditative Charakter, den er in Zeiten der Benediktiner besaß, nicht erhalten, da Vilar den Garten mit der Einführung der *Rencontres* ab 1954 zu einer Stätte des Dialogs machte. Im Schatten des Palais des Papes entstand eine „agora originaire du Festival“[85]. In heutigen Zeiten kann, neben dem Palastvorplatz, der Place de l'Horloge, das „centre vital de la géographie avignonnaise“[86] als Festivalagora sowie als zentraler Knotenpunkt des *OFF* bezeichnet werden. Diese Schwerpunktverlagerung beschreibt auch Banu: „[...] la place de l'Horloge est le carrefour le plus encombré du faire et du dire, la véritable agora, non institutionnelle, du Festival [...].“[87] Neben der Etablierung festivaleigener Marktplätze und Begegnungsorte besteht zudem ein Organisations- und Verwaltungszentrum im Cloître Saint-Louis, einer Art Rathaus der Festivalstadt. Spätestens unter Einbeziehung dieses Aspektes ist es naheliegend, von einer Stadt in der Stadt zu sprechen, die weite Teile der Ursprungsstrukturen nutzt und in ihrer Gewichtung belässt, jedoch darüber hinaus – wie sich dies am Bespiel des eigenen Verwaltungsbezirkes zeigt – einige Schwerpunkte setzt.

Die vielfältigen Verknüpfungen zwischen Festival- und Stadttopographie vermitteln zunächst den Eindruck eines undurchsichtigen Geflechts. Lynch stellt in seinen Ausführungen die Kategorie der Ablesbarkeit einer Stadt als positiven Wert auf.[88] Mit Ablesbarkeit ist „die

---

83 Der Verger wurde bis 1953 als Spielort genutzt, ab 1954 wurde er zum Forum für Diskussion und Begegnung. Siehe Lerrant 1996, 80.

84 Lerrant 1996, 80.

85 Banu 1996, 51f.

86 Loyer und de Baecque 2007, 260.

87 Banu 1996, 53.

88 Hinter dieser Zielsetzung scheinen die Werte der 60er Jahre hervor, da in dieser Zeit in rasanter Geschwindigkeit neue Städte entstanden, von deren

Leichtigkeit gemeint, mit der ihre einzelnen Teile erkannt und zu einem zusammenhängenden Muster aneinandergefügt werden können."[89] Er spricht von dem allgemeinen menschlichen Bedürfnis, die eigene Umwelt zu „erkennen und zu ‚etikettieren'"[90], das heißt also, sich in ihr zurechtzufinden und sie nach eigenem Muster zu strukturieren. Dies wird in Avignon während des Theatersommers recht schwer, da durch die sich ständig wandelnden räumlichen Strukturen, die kurzfristige Etablierung neuer Räume und die extreme Belebtheit der Stadt eine klare, konsistente Orientierung nahezu unmöglich gemacht wird.

> Les lieux du *off* peuvent être, sans nul doute, localisés sur un plan, mais, en réalité, ils s'y dérobent et mentalement forment un labyrinthe à même de subvertir la belle topographie du *in*. Cette articulation des contraires dynamise la ville du Festival et, en écartant les risques de muséification, la rend vivante car impure, contradictoire, excessive.[91]

Zudem entsteht durch die vielen verwinkelten Straßen der mittelalterlichen Altstadt zunächst das Gefühl von Unübersichtlichkeit und Orientierungslosigkeit. Durch die Größe der Stadt, welche recht mühelos zu Fuß zu erfassen ist, gelangt man jedoch stets sehr rasch wieder an Punkte, die sich als prägnante Marker erweisen, sodass es kaum möglich ist, sich tatsächlich zu verlaufen. Einer dieser Orientierungspunkte und -linien ist die bereits beschriebene Hauptachse, welche Banu als „cordon ombilical"[92], als „Nabelschnur", beschreibt und die strukturierend auf das „Festivalchaos" einwirkt:

> Les remparts, plus que le fleuve, bordent de l'extérieur le désordre de l'intérieur; cette tension-là est irréductible, noyau même du Festival. Les remparts franchis, la ville invite à une pénétration progressive [...] car le ruban de la rue de la République, ourlé de platanes à ses débuts et ensuite noyé sous les affiches et les calicots du *off*, mène vers le centre, pas encore visible. Il relie comme un cordon ombilical la gare, pôle de l'extériorité, et la place de l'Horloge, centre effectif de la ville, le palais des Papes n'étant que son centre symbolique; ainsi, la

---

Unübersichtlichkeit eventuell eine gewisse Bedrohung der eigenen Orientierungsfähigkeit ausging.

89 Lynch 1965, 12.

90 Lynch 1965, 13.

91 Banu 1996, 44.

92 Banu 1996, 24.

> première rue empruntée assure la transition entre un dehors urbain et le spectacle du dedans qui s'accroît au fur et à mesure que l'on s'avance.[93]

Während des Festivals, wenn die gesamte Stadt mit Spielstätten, Plakaten und umherziehenden Schauspieltruppen überzogen ist, kann sich jeder sein eigenes Bild und seine Stadtstruktur aus einem kaleidoskopartigen Angebot erstellen. Lynch beschreibt diesen Vorgang wie folgt: „Der Beobachter selbst muß bei der Betrachtung der Welt aktiv werden und schöpferisch an der Entwicklung des Bildes mitwirken. Er muß in der Lage sein, dieses Bild auszuwechseln, um wechselnden Bedürfnissen Rechnung zu tragen."[94] Es entsteht so die Möglichkeit zu Flexibilität und Raum für Individualität innerhalb eines klar strukturierten Gerüstes. Ein solches Modell zieht auch Lynch einer allzu eindimensional strukturierten Stadt vor.

> [...] eine gewisse Flexibilität der sichtbaren Umwelt ist notwendig. Wenn es nur einen vorherrschenden Weg zum Ziel gibt, einige wenige Brennpunkte oder eine starre Gruppe scharf voneinander getrennter Bereiche, dann gibt es [...] auch nur *eine* Möglichkeit, die Stadt zu sehen. Und diese eine Möglichkeit mag weder den Anforderungen aller Betrachter noch den von Zeit zu Zeit wechselnden Ansprüchen des Individuums genügen.[95]

Dass jedoch in Avignon eine solche Balance zwischen Orientierung und gewollter Desorientierung offensichtlich möglich ist, begünstigt die spezifische Form, Struktur und Größe dieser Stadt. Anknüpfend an die allgemeinen Ausführungen Lynchs kann man vermuten, dass die Wirrungen des Festivals in einer anderen Stadt möglicherweise zu völligem Chaos und letztendlich zu Unzufriedenheit der Besucher und Bewohner führen würden:

> Vielen von uns gefällt das Spiegelkabinett auf dem Jahrmarkt [...] Aber reizvoll wirkt das alles nur unter zwei Bedingungen: Erstens darf man nicht Gefahr laufen, daß man ganz und gar den Weg und die Richtung verliert und sich nicht mehr auskennt; die Überraschung muß vielmehr in das Gesamtgerüst eingebaut sein, die Gebiete der Verworrenheit müssen im übersehbaren Ganzen klein bleiben. Und zweitens muß das

93 Banu 1996, 23f.

94 Lynch 1965, 16.

95 Lynch 1965, 132.

> Labyrinth bzw. das Geheimnisvolle an sich eine Form besitzen, die erforscht und mit der Zeit begriffen werden kann.[96]

Diesen Anteil an Geheimnisvollem, den die Festivalstadt dem Besucher überlässt, ohne ihn in völliger Desorientierung zu belassen, könnte man als Aufforderung an jeden Einzelnen betrachten, sich mit seinen eigenen Mitteln die Stadt auf individuelle Weise zu erobern.

3.2 Historisch

Nach der topographischen Annäherung an die Stadt Avignon folgt nun ein kurzer Abriss zu ihrer Geschichte. Wie bereits im Kontext der Lage der Stadt innerhalb Frankreichs thematisiert wurde, kann die Schwankung in der Bedeutung der Stadt als eines ihrer Charakteristika bezeichnet werden. In geschichtlicher Hinsicht ist diese besonders durch die Wahl Avignons zum Papstsitz und den anschließenden Weggang der Päpste geprägt. Aus diesem Grund werden im Folgenden scherenschnittartig einige Zeiträume der Stadtgeschichte herausgegriffen, unter denen die Zeit der Päpste am ausführlichsten betrachtet werden soll. Vorangestellt wird diesem Kapitel eine knappe Beschreibung der Zeit vor den Päpsten, die von zahlreichen Machtwechseln geprägt war. Der Schilderung der avignonesischen Papstära folgt als Überleitung ein knapper Abriss zu den Jahrhunderten, die auf das große Schisma folgten. Den nächsten Zeitpunkt, der für die Untersuchung von unmittelbarer Relevanz ist, stellt die Phase nach dem Zweiten Weltkrieg dar, die mit dem Gründungszeitraum des Festivals zusammenfällt. Somit wird die Wahl des Ortes Avignon mit den historischen Entstehungsbedingungen abgeglichen, bevor einige konzeptionelle Grundlagen des Festivals und dessen wichtigste Entwicklungslinien vorgestellt werden.

3.2.1 Avignon vor der Zeit der Päpste

Durch die geographisch und strategisch günstige Lage am Zusammenfluss zweier Flüsse, der Rhône und der Durance, eignete sich Avignon schon früh als Siedlungsort und ist daher seit dem Neolithikum bewohnt. Seine Entwicklung ist gezeichnet von zahlreichen Macht- und Funktionswechseln. Über die Jahrhunderte wandelte sich die heutige Provencestadt von der antiken Handelsniederlassung Marseilles zur

96 Lynch 1965, 15.

gallo-römischen Stadt, wurde anschließend von Burgundern, Franken und Ostgoten besetzt, bevor sie im 8. Jahrhundert von den Arabern zurückerobert wurde. Mit der Angliederung an das römische Imperium begann für Avignon im 11. Jahrhundert eine Phase der Ausdehnung in topographischer und bedeutungsspezifischer Hinsicht. Im 12. Jahrhundert, als die Stadt kommunale Rechte erhielt, entstand eine doppelte Stadtmauer sowie die heute noch als Wahrzeichen geltende St-Bénézet-Brücke. Diese zeitweilige Hochphase der Stadt wurde beendet durch die notgedrungene Unterwerfung unter Ludwig VIII. im Jahr 1226, die der vorangegangenen Parteiergreifung für den Grafen von Toulouse während der Albigenserkriege geschuldet war. Diese Begebenheit führte schließlich 1251 zum Verlust der Unabhängigkeit durch ein Bündnis mit Marseille und Arles. Seit 1290 war der alleinige Besitzer Avignons der Graf der Provence, der der Kirche sehr nahe stand. Somit war eine gute Voraussetzung für die Übersiedlung der Päpste nach Avignon geschaffen.[97]

3.2.2 Avignon - die Stadt der Päpste [98]

Die Wahl der Stadt Avignon zum Papstsitz fiel - wie dies bei einer solch gewichtigen Entscheidung zu vermuten ist - keineswegs willkürlich. Neben der Tatsache, dass die Stadt dem treuen Kirchenvasallen und Grafen der Provence, Karl II. von Anjou gehörte, grenzte sie zudem an die Grafschaft Venaissin, die sich in päpstlichem Besitz befand. Hinzu kam das Einverständnis der französischen Krone zur Ansiedelung in der an das Reich grenzenden Stadt, mit welcher viele der späteren Päpste ohnehin besser vertraut waren als mit Rom selbst.[99] Mit der Niederlassung der Päpste in Avignon und der damit verbundenen Kurienverlagerung 1309 begann eine Blütezeit für die Stadt, zu deren Auswirkungen starker Bevölkerungs- und Aufmerksamkeitszuwachs gehörten[100]. Nicht nur Kleriker, sondern auch zahl-

---

97 Siehe Angermann u.a. 1980, 1301f.

98 Für nähere Informationen zur Zeit der Päpste in Avignon und zum Papstpalast siehe auch Colombe 1939, Digonnet 1907, Favier 1992, Guillemain 2000, Gagnière 1965, Hamesse 2006, Labande 1925, Mollat 1949, Schimmelpfennig 1997 und Vingtain 1998.

99 Siehe Kerscher 2000, 55.

100 Es handelt sich hierbei jedoch um einen ambivalenten Vorgang, da das Papsttum in der Folgezeit nicht mehr über die Macht und den politischen Einfluss verfügte, wie dies noch im 13. Jahrhundert der Fall war, da sich die

reiche Künstler, Geschäftsleute, Handwerker und Wissenschaftler strömten nach Avignon. Auch die dortige Universität erlebte in dieser Phase eine Hochzeit und erlangte überregionales Ansehen.[101] Die durch die heterogene Bevölkerungsstruktur vorangetriebene „Entwicklung zur Internationalität nicht nur im Hinblick auf die Kunst am avignonesischen Hof [...], sondern auch für die dort, wenn auch nur kurz, lebenden Personen"[102] ist als eines der Kennzeichen der avignonesischen Papstzeit zu bezeichnen.

Deutliche Veränderungen zeigten sich zudem in der baulichen Struktur, da in den Auf- und Ausbau von Kirchen verstärkt investiert wurde und man zudem für die Kardinäle zahlreiche Stadtpaläste, sogenannte *livrées,* erbaute. Außerhalb der Stadtmauern entstanden aus Platzmangel ganze neue Gebiete und Siedlungen. Diese Veränderungen brachten einen noch heute das Stadtbild maßgeblich prägenden Wandel in den topographischen Strukturen und den damit verbundenen Konstellationen innerhalb der Stadtbevölkerung mit sich.

> Mit der Größe der Stadt änderten sich auch die Beziehungsgeflechte seiner Bewohner. Avignon erhielt neue soziale und vor allem ökonomische Zentren. Zu versorgen waren nun nicht mehr nur die Einwohner und die Kurie, sondern auch Gäste, Aspiranten [...] und nicht zuletzt Kaufleute.[103]

Daran lässt sich ablesen, dass es sich im Falle Avignons nicht um eine organische Stadtentwicklung mit langsamer Bedeutungszunahme, sondern um einen abrupten, durch ein äußeres Ereignis initiierten Einschnitt handelt. Die Kapazitäten der Stadt waren allerdings nicht auf diesen sprunghaften Bevölkerungszuwachs und das explosionsartige wirtschaftliche Wachstum ausgerichtet, sodass Inflation und Preisschwankungen die Folge waren.[104] Dies sind zum Teil auch die Gründe dafür, dass die große Blütezeit lediglich ein halbes Jahrhundert andauerte. Der Einbruch der Pest 1348 markierte den Beginn des Niedergangs der Stadt. Seine politische Relevanz büßte Avignon schließlich weitgehend nach der Rückkehr Papst Urbans V. nach Rom

---

avignonesischen Päpste der Politik der französischen Könige unterordneten. Siehe hierzu Kosminski 1958, 374.

101 Siehe Angermann u.a. 1980, 1301-1304.

102 Kerscher 2000, 446.

103 Kerscher 2000, 54.

104 Siehe Kerscher 2000, 54.

ein. Es folgte das Abendländische Schisma[105] und Avignon verlor nach und nach die Stellung eines Machtzentrums. Ein endgültiges Ende der Papstepoche in Avignon führte das Konzil zu Konstanz 1414-1418 herbei, das die inzwischen drei gewählten Parallelpäpste absetzte und einen neuen benannte.[106] Für Wissenschaftler und Künstler blieb Avignon dennoch auch im 15. Jahrhundert eine wichtige Anlaufstelle.

Der Machtverlust der Stadt lässt sich auch anhand des Palais des Papes nachverfolgen, der durch einen Brand und zwei Belagerungen in dieser Zeit schwer gezeichnet wurde.[107] Aber schon seit Beginn des Baus kann das Gebäude als Indikator und architektonischer Zeuge von Bedeutungszuwachs und -abnahme Avignons sowie von Wandlungen und Brüchen innerhalb politischer und gesellschaftlicher Strukturen dienen.[108] Nachdem Clemens V., erster avignonesischer Papst, sich sein Quartier bei den Dominikanern eingerichtet hatte und sein Nachfolger Johannes XXII. im ausgebauten und durch seine Veranlassung reich verzierten Bischofspalast residierte, ließ sich Benedikt XII. eigens einen Palast, den Palais vieux, bauen. Dieser bestand aus monumentalen, kahlen, strengen Mauergebilden, in dessen Mitte sich der Cour d'Honneur befand. Sein Nachfolger wiederum, Clemens VI., welcher als der prachtliebendste unter den Päpsten gilt, fügte am südlichen Flügel den Palais neuf an. An diesem Anbau und der prunkvollen Gestaltung lässt sich der Lebensstil der Kurie dieser Zeit ablesen, der dem glanzvollen höfischen Leben gleichkam. Vollendet wurde der Bau durch Innozenz VI.[109] Kerscher bemerkt hierzu:

---

105 Für genauere Ausführungen zum „großen Schisma" der katholischen Kirche siehe Kosminski 1958, 374-377.

106 Siehe Kosminski 1958, 376.

107 Siehe Angermann u.a. 1980, 1301-1304.

108 „Die Baugeschichte ist grosso modo in vier Etappen einzuteilen: erstens in den Versuch, eine provisorische Residenz zu schaffen (Johannes XXII.); zweitens in die ‚konzeptionelle Phase' unter Benedikt XII., in der, von der ersten Phase abweichend, eine Neukonzeption vorgenommen wird; drittens in eine ‚affirmative Phase', in der, die bestehende Konzeption bestätigend, nach denselben Prämissen weitergebaut wird; viertens in allen späteren Phase. Kennzeichnend für diese Stufen ist die Tatsache, daß die Neukonzeption von Benedikt XII., die bis heute den Charakter des Palastes bestimmt, tatsächlich nur noch erweitert oder differenziert, nicht jedoch wieder zurückgenommen oder grundsätzlich verändert wurde." (Kerscher 2000, 219.)

109 Siehe Angermann u.a. 1980, 1301-1304.

> In dem Maße, in dem unter den avignonesischen Päpsten das Zeremoniell verändert wurde, konnte - bzw. mußte sogar - die ihr als Gehäuse dienende Architektur verändert werden. [...] Die verschiedenen Komponenten eines zeitlich langdauernden und keineswegs homogenen Prozesses führten dazu, daß der Palast den jeweils aktuellen Anforderungen angepaßt und damit die Architektur entsprechend solchen Bedürfnissen gestaltet wurde. Die gestiegenen Aufgaben an die zentralistische Verwaltung im fernen Frankreich auf der einen Seite und das zunehmende Repräsentationsbedürfnis auf der anderen Seite haben dem Papstpalast seine charakteristische Form gegeben.[110]

Mit dem Bau des Papstpalastes ging eine grundlegende Umorientierung der städtischen Zentrierung einher, welche diesen fortan zu ihrem Mittelpunkt machte. Obwohl in sich abgeschlossen ähnlich einer kleinen Kolonie und nach außen hin eher abweisend als einladend, wurde das monumentale Gebäude dennoch recht unmittelbar zum neuen Stadtzentrum.

> Das Leben in der Stadt änderte sich grundlegend, und die Konzentration auf den Palast als Brennpunkt der Aufmerksamkeit bewirkte eine gewisse Umorientierung innerhalb des einstmaligen Stadtzentrums. [...] Der Palast glich in gewisser Hinsicht einer Stadt in der Stadt. Das war er nicht nur äußerlich in seiner Kombination von Türmen und Gebäudetrakten, sondern auch im Hinblick auf das Zeremoniell, das sich auf ihn konzentrierte. Er war es aber auch hinsichtlich seiner Dimensionen, wie jeder, der seine Größe wahrgenommen hat, bestätigen wird.[111]

Diese starke Konzentration auf den Papstpalast ist eine Besonderheit Avignons und geht über architektonische und topographische Aspekte hinaus. Vielmehr scheint diese Gebäudeanlage eine Art identitätsstiftende und die Gesellschaft verbindende Funktion eingenommen zu haben.

> Die avignonesische Gesellschaft ist in ihrer Entwicklung und in ihrer Verortung, ja sogar in ihrer Beschränkung und Konzentration auf den Papstpalast ein Sonderfall, der durch diese Zentralisierung aller Ereignisse, die das Patrimonium, Papst

---

110 Kerscher 2000, 57f.

111 Kerscher 2000, 55.

und Kurie betreffen, der Architektur eine besondere Rolle zuwies. Die Gesellschaft schuf sich einen Ort.[112]

Die Fixierung auf diesen selbstgeschaffenen Ort ging soweit, dass beispielsweise Urban V. den traditionsreichen Krönungszug durch die Stadt nicht wahrnahm und veranlasste, dass ihm die Bevölkerung stattdessen von dem großen Palasthof, dem ebenfalls in Festivalzeiten zentralen Cour d'Honneur aus zujubelte. Durch das Indulgenzfenster - später während der Nutzung des Hofes für das Festival meist zentraler Bestandteil der „Kulisse" - wurden Gaben geworfen und Ablässe verteilt, was es zu einer Schnittstelle zwischen Palast und Volk machte.[113]

Besser als jegliche überlieferten Schriften kann somit der Papstpalast selbst als Dokument dieser Epoche dienen. „Ort [...] [der] Veränderung war [...] nicht die Stadt, sondern der Papstpalast, mithin eine neue Umgebung von Papst und Kurie. [...] Stärker als dies die Texte vermögen, reflektiert der Papstpalast die Wirklichkeit der avignonesischen Epoche."[114] Diese Vorgehensweise, aus den baulichen, architektonischen und topographischen Anordnungen und den dadurch entstehenden Strukturen Rückschlüsse auf gesellschaftliche Wandlungen und Charakteristika zu ziehen, ist der Grundausrichtung dieser Forschungsarbeit dienlich. Darauf aufbauend wird in dem Kapitel zu der Eroberung und Theatralisierung historischer Räume nach den heute noch sicht- und erfahrbaren Spuren von Vergangenheit und deren Rückkopplungen mit heutigen Verwendungsweisen gefragt.

3.2.3 Avignon nach der Zeit der Päpste

Im 15. und 16. Jahrhundert blieb, ähnlich einem Nachklang, der von den Päpsten verlassenen Stadt „un certain cosmopolitisme"[115] erhalten, sodass sie unter anderem in kultureller Hinsicht besonders im Bereich der bildenden Kunst mit der *école de peinture d'Avignon* weiterhin eine wichtige Anlaufstelle darstellte. Auf diese Weise wurde jedoch nicht der rapide Verlust an politischer Bedeutung und Macht sowie die zunehmende wirtschaftliche Stagnation verhindert. Durch andere südfranzösische Städte wie Marseille und Lyon, die sich mitt-

---

112 Kerscher 2000, 446. An diesen Ort als identitätsstiftendes Element schließt auch das Festival an, wie sich in den folgenden Kapiteln zeigen wird.

113 Siehe Schimmelpfennig 1997, 244f.

114 Kerscher 2000, 445.

115 Spill und Michel 1977, 18.

lerweile zu bedeutenden Zentren entwickelt hatten, überflügelt, besaß Avignon im 16. Jahrhundert lediglich noch in kirchenpolitischer Hinsicht überregionale Bedeutung, da dort der Hauptsitz der katholischen Kirche innerhalb der Provence angesiedelt war. Durch den engen Kontakt zu Rom waren ab Ende des 16. Jahrhunderts nahezu alle wichtigen kirchlichen Posten in Avignon von Italienern besetzt. Spill und Michel schreiben: „Avignon s'italianise au mécontentement de ses habitants. [...] Enclave anachronique dans un royaume centralisé."[116] Diese sogenannte Italienisierung wirkte sich unter anderem auch spürbar auf das äußere Bild der Stadt aus.[117] In architektonischer Hinsicht war die nächste prägende Epoche, deren Einflüsse bis heute das Bild der Stadt beeinflussen, die Zeit der französischen Klassik. „Le XVIIe et le XVIIIe siècles donnent la note essentielle, d'inspiration italienne, du paysage central."[118]

Einen zentralen Einschnitt in der Stadtgeschichte stellt die Beendigung der bis zu diesem Zeitpunkt fünf Jahrhunderte andauernden „domination pontificale"[119] im Jahre 1791 durch die verfassungsgebende Nationalversammlung *Constituante* dar. Im Zuge jener Verweltlichung und als eine Folgeerscheinung der Revolution[120] wurde Avignon zum Verwaltungssitz, wobei jedoch durch eine Verlagerung der Funktionen und Prioritätensetzung ein Teil der kulturellen Bedeutung verlorenging.

Einen erneuten Aufschwung, zumindest in wirtschaftlicher Hinsicht, erlebte die Stadt erst wieder Mitte des 19. Jahrhunderts infolge einer Schwerpunktverlagerung auf den landwirtschaftlichen Sektor.[121] Jedoch versäumte Avignon in dieser Zeit den Anschluss an moderne Strömungen und die großen europäischen Märkte. „[...] la révolution industrielle n'éveille aucun écho en Avignon."[122] Aufgrund einer daraufhin einsetzenden zunehmend passiven und abwartenden Haltung zog sich die Stadt immer mehr in die Provinzialität zurück.[123] Somit ist

116 Spill und Michel 1977, 18.

117 Siehe Spill und Michel 1977, 17-19.

118 Spill und Michel 1977, 59.

119 Spill und Michel 1977, 19.

120 Für nähere Informationen zu Avignon während der Zeit der Revolution und des 19. Jahrhunderts siehe Moulina 1990, 29-32.

121 Siehe Spill und Michel 1977, 19-21.

122 Spill und Michel 1977, 20.

123 Siehe Gall 1990, 118f.

Avignon durch sein historisches Erbe heute zwar ein wichtiger touristischer Anziehungspunkt Frankreichs, zu einem Machtzentrum konnte es sich jedoch trotz einiger Bemühungen nicht mehr entwickeln.

An sein kulturelles Erbe konnte die Stadt jedoch viele Jahre später, 1947, durch die *Semaine d'art* anknüpfen, die den Grundstein für das *Festival d'Avignon* legte. Wie diese Entstehung mit den Geschicken der Stadt verknüpft war, soll im Folgenden genauer untersucht werden.

3.2.4 Die Geschichte des *Festival d'Avignon*

Nur zwei Jahre nach Ende des Zweiten Weltkrieges entstand in Avignon eines der inzwischen größten und bedeutendsten Theaterfestivals Europas. Gerade in dieser Zeit kann die Entstehungsphase eines solchen Festivals unmöglich von den historischen Begebenheiten getrennt betrachtet werden. Daher sollen im Folgenden die Wahl des Festivalortes, die Konzeptionen Vilars und die Gründungsphase unter Rückbezug auf die historischen und gesellschaftlichen Rahmenbedingungen beschrieben werden. Im Anschluss daran erfolgt ein kurzer Abriss über die wichtigsten Entwicklungslinien des Festivals von den Gründungsjahren bis heute, der jedoch die Abläufe lediglich skizziert, ohne eine vollständige Chronologie anzustreben.

3.2.4.1 Wahl des Festivalortes und geschichtlicher Kontext

Schon vor dem Krieg zählte Avignon vier Theater mit regelmäßigem Spielbetrieb sowie zahlreiche Kleinkunstbühnen, sodass Vilar mit seinem Festival auf eine gewissermaßen theatergeübte Stadt traf. Wie Gall beschreibt, erwartete Vilar „un vrai public local connaisseur, prêt à vibrer et à s'amuser comme il le faisait depuis des siècles."[124] Nach Kriegsende lag jedoch in ganz Frankreich das kulturelle Leben und damit auch das Theater nahezu brach. Dies führte innerhalb der Politik zu der Grundübereinstimmung, das Kultur- und Theaterwesen müsse vermehrt gestärkt werden, wobei besonders die Provinz in den Fokus genommen wurde. Dort gab es zu dieser Zeit fast ausschließlich Gastspiele aus Paris, sogenannte „galas"[125] oder Tourneetheater, die laut Brauneck lediglich einen „Abglanz des hauptstädtischen Thea-

124 Gall 1990, 124.

125 Brauneck 2007, 12.

terlebens in die Provinz brachten"[126], anstatt dort ein eigenständiges kulturelles Leben zu initiieren. Daher wurde seitens der Regierung das Ziel gesteckt, mit Hilfe des Theaters, das in Zukunft stärker subventioniert werden sollte, einen Beitrag zur Erneuerung nationaler und sozialer Gesellschaftsausrichtung hin zu größerer Eigenständigkeit der Provinz zu leisten.[127] Zur Verfolgung dieser Ziele wurden Reformprojekte[128] konzipiert, die unter anderem die Gründung der *Centres Dramatiques* und der *Théâtres Nationaux* nach sich zogen. Der in Frankreich fest verwurzelte Zentralismus hielt sich trotz dieser Bemühungen sehr hartnäckig, sodass den Städten die langfristige Umsetzung der Ziele erschwert wurde.[129] Avignon gehörte jedoch zu jenen Städten, die stets um (kulturelle) Eigenständigkeit bemüht waren.

> Die eleganten Ferienorte (Deauville, Avignon, Aix, Cannes) liegen zwar in der Provinz, sind aber alles andere als provinziell. Einige Städte [...] drängen auf kulturelle Dezentralisation und versuchen mit einigem Erfolg, sich ein Image zu geben, das mit dem der Hauptstadt mithalten kann.[130]

Die Festivalgründung 1947 lässt sich somit zeitlich in den Kontext dieser Bestrebungen einordnen. Dornes hebt in einem Artikel in *L'Époque* vom 13.September 1947 Avignons erstes Festivaljahr sogar als eine Art Modell und Vorbild zur Dezentralisation hervor. „La semaine d'art a montré au théâtre le chemin de la décentralisation."[131] Vilar selbst war der Meinung, dass diese politischen Bestrebungen überhaupt nur mit Hilfe einer Konzeption wie der seinen zu realisieren seien. „Je crois, en tout cas, que c'est la seule décentralisation possible. Faire d'un haut-lieu traditionnel de la France la source de nou-

---

126 Brauneck 2007, 12.

127 Siehe Brauneck 2007, 11f.

128 Die erste Phase dieser Reformprojekte dauerte von 1947 bis Anfang der 50er Jahre, die zweite begann am Ende der Vierten Republik im Zusammenhang mit der Neuorientierung der Kulturpolitik durch André Malraux. Dieser wurde 1959 zum Kulturminister gewählt und brachte große Veränderungen für Frankreichs Kulturbereich, unter anderem durch die Gründung der *Maisons de la Culture*. Zu allgemeinen Entwicklungen und Tendenzen der französischen Kultur in den 60er und 70er Jahren siehe Ballé 1984, 12-20.

129 In den 70er Jahren gab es noch immer in Paris mehr Theater mit regelmäßigem Betrieb als im Rest Frankreichs. Siehe Brauneck 2007, 12.

130 Corbin 2005, 213.

131 Dornes, zitiert nach Loyer und de Baecque 2007, 46.

velles créations."[132] Die lokale Zeitung der Provence begrüßte diese Bewegung ebenfalls und betitelte das Theater in Avignon in Abgrenzung zu dem der Hauptstadt als Theater der Zukunft. „Le théâtre à Paris est devenu une chose morte... L'avenir du théâtre est ici, en Avignon."[133]

Neben den politischen und kulturellen Motiven zur Festivalgründung ging es in gleichem Maße um die Ablenkung von den Leiden des Krieges und um die Befriedigung unerfüllter Wünsche, die durch die Entbehrungen der letzten Jahre entstanden waren[134]. „La vieille Cité des Papes est devenue centre du théâtre européen pour masquer les plaies de la guerre et combler les faims insatisfaites de la jeunesse."[135] Diese Bedürfnisse manifestierten sich in der Nachkriegszeit neben der Deckung der Grundversorgung in einem ausgeprägten Verlangen nach Freizeit und Kultur.

> Warum gerade in solchen Nachkriegszeiten, also in Zeiten der Dürre und der Ängste um das tägliche Leben? Es ist wohl so und gehört zum Lebenslauf, nach Zeiten der Sorgen und der großen Leiden folgen Zeiten der Besinnung, des Suchens nach neuen Werten in einer besseren Welt.[136]

Als einen der Kernpunkte dieses neuen Wertesystems, dem Jean Vilars Festivalkonzept exakt entspricht, benennt der Zeitungskritiker Jean-Jacques Lerrant die kulturelle und gesellschaftliche Einheitsstiftung auf demokratischer Basis, die mit Hilfe des Festivals entstehen kann. „[...] l'aventure du Festival répond [...] au besoin du peuple français, après les déchirements de l'Occupation, de se regrouper, de reformuler son unité, de redéfinir son identité démocratique autour de grands

---

132 Anonymus 1947a, 2.

133 *La Gazette Provençale*, 17. September 1947. Zitiert nach Shewring 1996, 160. Heute ist Frankreich nach wie vor ein stark auf die Hauptstadt konzentriertes Land. Was Vilar und seine Nachfolger jedoch mit theatralen Mitteln bewirken konnten, ist eine Art der saisonalen kulturellen Dezentralisierung während der Festivalzeit. „Le centre vital, le point de rencontre, s'étant déplacé de Paris en Avignon, pendant ce mois de juillet, tout ce qui fait la profession est présent." (Léonard und Vantaggioli 1989, 42.)

134 Aus diesem Kontext heraus lässt sich der regelrechte Festivalboom jener Zeit erklären. 1946 wurden die Filmfestspiele von Cannes, 1948 das Musikfestival von Aix-en-Provence sowie zahlreiche kleinere Festspiele gegründet. Siehe Brauneck 2007, 23.

135 Loyer und de Baecque 2007, 33.

136 Voß 2005, 22.

thèmes moraux exaltés par une mise en scène."[137] Die Festivalgründer bewiesen folglich ein Gespür für die Bedürfnisse der Nachkriegsgesellschaft und wussten dieser durch ihr künstlerisches Konzept entgegenzukommen. Greifbar wird dies erneut anhand der Raumwahl, die mit dem Cour d'Honneur auf einen Ort fiel, der ohne Ränge und Logen eine demokratische Sitzanordnung vorgab, genügend Raum bot, um dort eine große Menschenmenge zu versammeln, und dennoch mit Hilfe der hohen, umschließenden Mauern eine Einheitsbildung erleichterte. Auch in seiner Klarheit und Schnörkellosigkeit spiegelte der Innenhof des Papstpalastes das Gefühl der Nachkriegszeit wieder.

> Là est le contexte, le mémoire, la soif de vivre, d'aimer et de se saisir des vivants à pleines mains. Alors créer des spectacles l'été dans cette Cour d'honneur haute en pierres, dans un lieu sans velours ni loge, sans toit, juste le cœur d'un palais religieux, dans l'absolue nudité du beau [...].[138]

Hinzu kam das Spiel unter freiem Himmel, das ebenfalls ein Gefühl der Befreiung von den Kriegszeiten förderte, in denen der öffentliche Raum für derartige Aktivitäten vollständig unzugänglich gewesen war.

> Pendant les années de guerre et d'occupation, le plaisir du spectacle - cinéma ou variétés - a été circonscrit dans des lieux clos, espaces d'enfermement. Et voici d'un coup que le théâtre descend dans la rue, qu'il s'affiche en plein air, qu'il prend possession de lieux - le palais des Papes - qu'on croyait définitivement dévolus à la célébration de l'histoire ancienne.[139]

Es lässt sich folglich zusammenfassend sagen, dass das Festival sich in Avignon zu einem Zeitpunkt positionierte, zu dem die Stadt - und natürlich ganz besonders deren Bevölkerung - nach einer neuen Ausrichtung und Prägung sowie nach neuen Werten suchte und sich zudem von der Hauptstadt Paris als eigenständiger kultureller Standort emanzipieren wollte. Die ersten Eroberungsversuche Jean Vilars, der diese Lage rasch erkannte und in künstlerische Konzeptionen umwandelte, wurden daher mit offenen Armen angenommen. Wie die Programmatik der Anfangszeit gestaltet war und auf welche Weise der erste Kontakt zwischen Vilar und der Stadt Avignon zu Stande kam, ist Inhalt des folgenden Kapitels.

---

137 Armengol 1990, 55.

138 Viard 1990, 16f.

139 Armengol 1990, 55.

3.2.4.2 Entstehung und Programmatik

Der Lyriker René Char und das Kunsthändlerpaar Yvonne und Christian Zervos planten im Jahr 1947 die Veranstaltung einer Kunstwoche für moderne Malerei in Avignon unter dem Titel *Semaine d'art*. Zur Erweiterung des künstlerischen Spektrums sollte der Regisseur und Schauspieler Jean Vilar gewonnen werden, der zunächst ablehnte und erst nach einigem Zögern dem Vorschlag zustimmte.[140] Viard beschreibt die „Begegnung" zwischen Vilar und Avignon in Form einer Legende, die sich als Gründungsmythos des Festivals in zahlreichen Äußerungen und Publikationen wiederfindet. Die Stadt Avignon wird in personifizierter Form als Geliebte Vilars beschrieben, wodurch die Möglichkeit zu gleichberechtigter Interaktion zwischen zwei „Partnern" impliziert wird:

> Elle était là la première, depuis toujours pour ainsi dire, depuis que le Rhône coule de l'Alpe à la mer, depuis que le rocher des Doms domine le lit du fleuve, les passants, les maraudeurs, les moustiques et les colères de l'eau. Lui vint quand tout était déjà fait, les remparts et les palais, les routes, la gare, les femmes, les enfants et les maris. Porté par le mistral et la clarté extraordinaire des nuits d'été, la tendresse des cigales, Lui fut séduit par les murs du palais des Papes dressés haut vers le ciel. Cette immensité de pierre par où la chrétienté parla à Dieu, lieu de silence et de recueillement saisi au sortir de six années d'enfer. Alors Lui devint l'amant d'Elle. Et Avignon se remit à parler au monde.[141]

Eine weitere sich daran anschließende und in diesem Zusammenhang häufig zitierte Beschreibung lautet wie folgt: „Il était une fois un homme et une ville qui se rencontrèrent, s'aimèrent, se marièrent et eurent un enfant nommé festival."[142] Bei der Übertragung dieses Gründungsmythos' auf die These der Forschungsfrage, kann folglich

---

140 Eingeladen wurde Vilar ursprünglich mit seiner häufig gespielten und erfolgreichen Inszenierung des Stückes *Meurtre dans la Cathédrale*, stattdessen schlug er jedoch drei neue Inszenierungen unbekannter Stücke vor, Shakespeares *Richard II*, *Tobie et Sara* von Paul Claudel sowie *La Terrasse de midi* von Maurice Claudel. Nach finanziellen Verhandlungen mit der Stadt stimmte diese schließlich einer Bezuschussung dieses Vorhabens zu, wodurch dessen Realisierung möglich gemacht wurde. Siehe Baecque 2006, 13 und 18-21.

141 Viard 1990, 13.

142 Das Zitat entstammt der letzten Ausgabe des von Jean Vilar herausgegebenen *T.N.P.* Journals, *Bref*, n° 68, zitiert nach Puaux 1983, 23.

von einer Eroberung in beiderseitigem Einverständnis gesprochen werden. Dies bestätigt die Aussage Viards, der von einem symbiotischen Wechselverhältnis spricht, von dem beide „Partner" profitieren: „Elle [Avignon] lui [Vilar] a tout donné, son corps, son nom, son argent, et Lui a su tout transformer en passion et en œuvre. Seulement sa force à Elle en a été en partie cachée. Or, si Lui est venu, c'est qu'elle était belle, et forte, et bien faite."[143] Was aus Äußerungen dieser Art, unabhängig von der Ausdrucksform und deren Bewertung, herauszulesen ist, ist der starke Einfluss Vilars auf die Stadt Avignon. Ob dieser Beobachtung eine intendierte Stadteroberung zu Grunde lag, soll zunächst unberücksichtigt bleiben. Stattdessen gilt das Interesse den Grundkonzepten, die zu jener Einflussnahme führten.

An erster Stelle ist hierbei das Ziel der Erschaffung eines Festivals für das Volk zu nennen, bei dem Herkunft und Stand der Zuschauer keine Rolle spielen sollten. Im Cour d'Honneur, den Vilar für den idealen Rahmen dieser Veranstaltungsform hielt, strebte er eine kulturelle Zusammenkunft „sans stars ni snobs où la robe de soirée et le smoking sont proscrits"[144] an, die er als eine Art Gegenentwurf zu anderen Festspielen wie zum Beispiel jenem in Cannes ansah.[145] Neben der Volksnähe standen für Vilar von Anfang an die *créations* - im Sinne von Neuschaffungen - im Mittelpunkt seines Interesses. Dazu gehörte auch die Verbindung und Vermischung unterschiedlicher Künste, „un mêlement des arts où Avignon incarnerait une locomotive galvanisant l'accord des excellences, dans tous les domaines enfin réunis en un spectacle total."[146]

Gerüstet mit diesen Zielen und Konzepten und bereit, die Stadt und deren Bevölkerung auf diese Weise für sich und seine Ideen einzunehmen, mussten Vilar und sein Team erleben, dass die Anfangszeit durch massive finanzielle Engpässe geprägt war, die zu einer asketischen Ausprägung der ersten Festivals führten. Aus der Not eine Tugend machend, wurden die dadurch entstehende Einfachheit und Schlichtheit teilweise jedoch in programmatische Losungen umgemünzt: Man sprach von einer Rückkehr zu den Ursprüngen des

---

143 Viard 1990, 17.

144 Loyer und de Baecque 2007, 41.

145 Siehe Loyer und de Baecque 2007, 41.

146 Loyer und de Baecque 2007, 76.

Theaters.[147] Besonders in den Anfangsjahren waren zudem Zusammenhalt und persönliches Engagement der Organisatoren und Schauspieler sowie der direkte Kontakt zum Publikum prägend. Die damit verbundene Verantwortung, die jedem Einzelnen auferlegt wurde, und gleichzeitig die euphorische Aufbruchstimmung des Gründungsjahres spiegelt beispielhaft ein Dialog zwischen dem Schriftsteller Maurice Clavel und Jean Vilar wieder, den sie führten, als einige Tage vor der Premiere von *Richard II* noch kaum Karten verkauft waren.

> Vilar: 'Prenez le train pour Marseille à l'aube. Allez voir tous les journaux et dites-leur tout.' Clavel:- 'Quoi, tout' - Vilar: 'Eh bien, dit-il, la doctrine...'[...] Clavel: 'Laquelle?' Vilar s'impatiente: 'Eh bien, tout ce que tu vois: le ciel, la nuit, la fête, le peuple, le texte!'[148]

Die Konzepte Vilars in Verbindung mit der unermüdlichen Mitarbeit seines Teams und der bereitwilligen Aufnahme seitens der Stadt führten dazu, dass die *Semaine d'art* keine einmalige Veranstaltung blieb, sondern den Startschuss zu einem in den Anfangsjahren exponentiell florierenden Theaterfestival gab, dessen weiterer Verlauf im folgenden Kapitel näher betrachtet werden soll.

3.2.4.3 Wichtige Entwicklungslinien des Festivals

Die Geschichte des *Festival d'Avignon* zeichnet ein äußerst buntes Bild, das durch den Wechsel von immer wiederkehrenden Hochphasen einerseits sowie Krisen und Brüchen andererseits gekennzeichnet ist. Im Folgenden können nur schlaglichtartig einige zentrale Ereignisse und Entwicklungslinien aufgezeigt werden. Dass dabei vieles nicht berücksichtigt werden kann, gibt der Rahmen dieser Arbeit vor, spricht man doch inzwischen von einer über 50-jährigen Festivalgeschichte. Nachdem die Entstehungsphase bereits behandelt wurde, setzt die Schilderung zu Beginn der 50er Jahre ein. In dieser Zeit, die gemeinhin als die „goldenen Jahre" des Festivals bezeichnet wird, wandte sich Vilar zur großen Enttäuschung vieler seiner Anhänger für einige Zeit von der Provencestadt Avignon ab, um, wie er sagte, die großen Erfolge, die er dort erzielt hatte, in die Hauptstadt zurückzu-

---

147 Siehe Loyer und de Baecque 2007, 40. Auf diesen Aspekt wird in Kapitel 4.1.4 erneut eingegangen, in dem die Gründungsinszenierung des Festivals - *Richard II* - näher beleuchtet wird.

148 Clavel, zit. nach Adler 1987, 30.

bringen. Aus dieser Motivation heraus erfolgte in dieser Zeit die Gründung des *Théâtre National Populaire,* kurz *T.N.P.,* im Théâtre Chaillot in Paris.[149] Als sich das Jahr 1953 zu dem ersten Krisenjahr des Festivals entwickelte, kehrte Vilar auf vielfältiges Bitten seiner Mitarbeiter und Zuschauer hin nach Avignon zurück, worauf die Leitung des Festivals und des *T.N.P.* zusammengelegt wurde.[150] Durch die folgende Einberufung der ersten großen Diskussionsrunden im Verger d'Urbain V., den sogenannten *Rencontres,* wurde eine neue Etappe eingeläutet, in deren Mittelpunkt mehr denn je der Dialog und die Diskussion zwischen allen Festivalbeteiligten, besonders aber zwischen Publikum und Künstlern stand.

In den folgenden Jahren bis einschließlich 1965 wurde die Theaterprogrammgestaltung des Festivals ausschließlich durch Vilar und sein Ensemble selbst bestritten. Erst 1966[151], kurz vor dem 20-jährigen Jubiläum, erfuhr das Festival eine Öffnung gegenüber anderen Bühnen sowie gegenüber den Sparten Ballet und Musiktheater.[152]

Eine grundlegende Neuorientierung erfuhr das *Festival d'Avignon* dann im darauffolgenden Jahr mit der Eröffnung neuer Spielstätten, darunter die beiden Klöster Cloître des Célestins und Cloître des Carmes, und mit der Intensivierung des Zieles, aus Avignon einen Ort der Kreation und der Diskussion zu machen. Zu diesem Zwecke wurden vorwiegend junge, moderne Gruppen eingeladen, darunter das *Living Theatre.*[153] Das Risiko, das Vilar - teilweise freiwillig, teilweise unfreiwillig - mit dieser Öffnung seines Festivals und der Bestärkung experimenteller Strömungen einging, lag in der Ausuferung und zunehmenden Unüberschaubarkeit des bislang von ihm gezielt gelenkten Geschehens. Dass sich diese Befürchtung jedoch schon ein Jahr später, im Sommer 1968, infolge der Pariser Mai-Ereignisse, in massivem

---

149 Siehe Loyer und de Baecque 2007, 86.

150 Siehe hierzu Shewring 1996, 160/61 und Loyer und de Baecque 2007, 106-113. Im Jahre 1963 gab Vilar die Leitung des *T.N.P.* ab, er blieb jedoch weiterhin der Leiter des Festivals.

151 Ab 1966 wurde die Stadt zum Hauptfinanzierer des Festivals und trat somit auch in engeren konzeptionellen Kontakt mit dem Organisationsteam. Bis zu diesem Zeitpunkt erhielt das Festival von städtischer Seite eher einen symbolischen Zuschuss, die Hauptfinanzierung lief über das T.N.P. Siehe Ballé 1984, 150.

152 Siehe Brauneck 2007, 23.

153 Interessanterweise fällt das Gründungsjahr des *Living Theatre* 1947 exakt mit dem des *Festival d'Avignon* zusammen.

Maße bestätigen sollte, war für Vilar zu diesem Zeitpunkt nicht vorherzusehen. Ausgehend von frühen Hippiebewegungen, linksextremen Strömungen und dem *Living Theatre* schwappte die aufständische Atmosphäre aus Paris nach Avignon über, sodass die Kundgebungen auf den Straßen und Plätzen zunahmen, wodurch das Festival, das selbst ins Kreuzfeuer der Demonstranten geriet, zu einem Rahmen und Forum der Proteste wurde.[154] In der Folge dieses nicht nur für das Festival äußerst turbulenten Jahres, entstand das heutige *OFF*, das - wie sich im späteren Verlauf der Untersuchungen zeigen wird - in rapider Geschwindigkeit den gesamten öffentlichen Stadtraum für sich einnahm.[155] Die Festivalleitung und insbesondere Vilar bemühten sich trotz massiver Kollisionen stets um den Dialog mit den Initiatoren des *OFF* und reagierten zudem durch zunehmende Loslösung von festen Institutionen und eine Tendenz zur Integrierung kleinerer Truppen. Eine tatsächliche Vereinbarkeit war jedoch zu dieser Zeit nicht möglich. Im Mai 1971, inmitten der Vorbereitungen zum 25. Festival, starb Vilar überraschend an Herzversagen, woraufhin sein Schüler und langjähriger Mitarbeiter Paul Puaux die Leitung des Festivals[156] „avec une seule mission: continuer"[157] übernahm. Im Sinne der von Vilar in dessen letzten Lebensjahren angestrebten Öffnung erwuchs in den 70er Jahren unter Puauxs Leitung eine kaum zu überblickende Programmerweiterung, die jedoch in gleichem Maße eine Abnahme der konzeptionellen Fokussierung mit sich brachte.

> Im künstlerischen Profil [...] wurde Avignon unschärfer, zugunsten einer beinahe ungehemmten Öffnung (täglich bis zu 100 Veranstaltungen) gegenüber allen nur denkbaren, unter dem Kreativitäts-Etikett firmierenden theatralen und musikalischen Experimenten.[158]

Der nächste Leitungswechsel stand im Jahre 1979 an, als auch das *Maison Jean Vilar* eröffnet wurde, das noch heute als Begegnungs-, Ausstellungs- und Archivort von zentraler Bedeutung ist. Puaux

---

154 Siehe Loyer und de Baecque 2007, 231/232. Nähere Beschäftigung mit den Ereignissen im Jahr 1968 finden sich in dem Kapitel 4.2.3.1.

155 Auf die Zusammenhänge zwischen *OFF* und den 68ern sowie die genauen Gründungsumstände und Merkmale bezüglich der Stadteroberung wird in Kapitel 4.2.3.2 näher eingegangen.

156 Puaux erhielt in dieser Zeit den Beinamen „successeur du ‚pape'". Siehe Loyer und de Baecque 2007, 293.

157 Loyer und de Baecque 2007, 293.

158 Brauneck 2007, 26.

übergab sein Amt nun an Bernard Faivre-d'Arcier, dessen Hauptziele die Internationalisierung und die Politisierung des Festivals waren. Als Ausgangsbasis seiner Amtszeit fand er, so Loyer und de Baecque, eine Stadt vor, die unter den Einflüssen des *OFF* „n'est plus le havre du théâtre populaire mais une ville dévorée par les spectacles, les parades, les touristes."[159] Unter anderem durch Missstimmungen zwischen der Festivalleitung und dem der französischen Partei *RPR* angehörenden Xavier de Roux geriet Faivre d'Arciers zunehmend in Bedrängnis und übergab sein Amt daher zum Jahr 1985 an Alain Crombecque.[160] Dieser schrieb sich als Hauptmaxime „création et tradition"[161] sowie die Öffnung gegenüber anderen Kulturen auf die Fahnen, worin sich die in seine Leitungsperiode fallende Inszenierung von *Le Mahabharata* von Peter Brook 1985 nahtlos einfügte.[162] Trotz des großen Erfolgs, den unter anderem diese Inszenierung feierte, entwickelte sich auf Grund diverser Unstimmigkeiten bezüglich der Zuständigkeiten zwischen Stadt und Festivalleitung das Jahr 1989 zu einer ernsthaften Krise des Festivals. Der Kompromiss, der daraufhin gefunden wurde, bestand in der Einberufung eines stetigen Verwaltungsrates und eines Vermittlungspostens zwischen Avignon und der Festivalleitung in Paris, was jedoch nicht völlig den Unmut beseitigen konnte, der sich auch auf Künstler und Zuschauer übertrug. Die Krise setzte sich somit auch in den darauffolgenden Jahren fort und bot daher einen guten Nährboden für die 1992 frankreichweit geäußerten Konflikte bezüglich des Künstlerstatus', auch „problème de l'intermittence"[163] genannt. Der Festivalverlauf dieses Jahres wurde vielfach durch Streiks, Diskussionen und Aufstände unterbrochen.[164] Mit neuem Elan und dem Vorsatz, der Krise ein Ende zu setzen, übernahm Faivre-d'Arcier 1993 ein zweites Mal die Festivalleitung. Seine neuen Ideen, alle Schritte einer *Création* - von der Entstehung eines Textes bis zu der Präsentation vor Publikum, sowie die Ausbildung der begleitenden Techniker und Verwaltungskräfte in Form eines „service public du

---

159 Loyer und de Baecque 2007, 303.

160 Siehe Loyer und de Baecque 2007, 384-388.

161 Loyer und de Baecque 2007, 408.

162 Ausführlicher wird sich das Kapitel 4.2.2.2 mit dieser Inszenierung befassen.

163 Loyer und de Baecque 2007, 436.

164 Es lassen sich in den gewählten Ausdrucksmitteln Parallelen zu den Ereignissen des Jahres 1968 ziehen.

théâtre"[165] – in Avignon zusammenzuführen, konnten jedoch aus finanziellen Gründen nur in Ansätzen in die Realität umgesetzt werden. Die zwischenzeitlich etwas abgeflaute Debatte um die *intermittence du spectacle* erreichte im Jahr 2003 ihren zweiten Höhepunkt, in dessen Folge durch massive Streiks das Festival erstmals vollständig entfiel[166]. Auch seine zweite Amtszeit beendete Faivre d'Arcier auf Grund politischer Wirrungen. Abgelöst wurde er diesmal von Vincent Baudriller und Hortense Archambault, die bis heute die Leitung innehaben und während der ersten Jahre vorwiegend darum bemüht waren, die „Wunden" des entfallenen Festivals zu versorgen. „Il faut reconstruire Avignon."[167], so ihre Aufgabe, was nicht zuletzt durch eine massive Verstärkung der Öffentlichkeitsarbeit[168] und den Kontakt zu den Bewohnern Avignons erreicht werden sollte.[169] Um jedem Festivaljahr ein eigenes Profil zu verleihen, entschied sich das neue Team zudem für die jährliche Assoziierung eines Künstlers, der maßgeblich in programmatische Entscheidungen einbezogen werden sollte.[170] Zudem wählten sie erstmals Avignon als ständigen Stand- und Wohnort über die Festivalzeit hinaus, was zu verstehen ist als „preuve de leur engagement personnel et de leurs liens avec la ville comme avec l'important public local du Festival."[171]

Man kann abschließend feststellen, dass bis heute eines der Hauptcharakteristika des Festivals dessen stetige Wandlungen und Umbrüche darstellen, die es jedoch zugleich ermöglichen, sich flexibel auf Veränderungen von außen einzustellen. „Avignon a profondément changé

---

165 Loyer und de Baecque 2007, 451.

166 Nähere Informationen zu dem Künstlerstatus *intermittence du spectacle* sowie zu dem entfallenen Festival 2003 finden sich bei Loyer und de Baecque 2007, 492-499.

167 Loyer und de Baecque 2007, 533.

168 Siehe Loyer und de Baecque 2007, 552-554.

169 Das Zitat, in welchem von der Rekonstruktion Avignons gesprochen wird, impliziert, dass die Stadt mit dem Erfolg des Festivals steige und falle. Symbolischer Akt hierfür ist die Wiederaufnahme der drei Schlüssel im Wappen Avignons auf das Festivalplakat als Zeichen für die Verbundenheit zwischen Stadt und Festival.

170 Siehe Loyer und de Baecque 2007, 522. Als Artistes Associés wurden benannt: Thomas Ostermeier (2004), Jan Fabre (2005), Josef Nadj (2006), Frédéric Fisbach (2007), Valérie Dréville und Romeo Castellucci (2008). Für das Festival 2009 wurde Wajdi Mouawad mit der Aufgabe betraut. Siehe http://www.festival-avignon.com/index.php?r=39, Stand 20.März 2009.

171 Loyer und de Baecque 2007, 531.

et reste un lieu en pleine mutation, ce qui est sans doute sa force."[172] Wie es diese Stärke nutzt und welche Eroberungsstrategien das Festival entwirft und damals entwarf, um sich anhand der Spielorte trotz seiner bewegten Geschichte die Stadt auf theatralem Wege zu eigen zu machen, untersucht das folgende Kapitel.

172 Loyer und de Baecque 2007, 560.

4 Eroberungsstrategien des Festivals

„Avignon est un plaisir de faire."[173] Mit diesen Worten beschrieb Festivalleiter Jean Vilar einmal seine Arbeit am und für das Festival. Die Wortwahl, bei der er den Namen der Stadt und nicht den des Festivals verwendete, legt die Vermutung nahe, dass Vilar eine möglichst untrennbare Einheit beider anstrebte beziehungsweise Stadt und Ereignis selbst teilweise gar nicht mehr voneinander unterschied. In der Tat zeigte er die Bestrebung, den Festivalbegriff abzuschaffen und stattdessen das Wort Avignon in gleichem Maße für die Stadt und das Festival zu verwenden.[174] Was sich daraus ablesen lässt, ist Vilars Überzeugung, er sei durch eine solche Einheitsbildung dazu befugt, die Stadt auf theatralem Wege neu zu gestalten, vielleicht sogar neu zu erschaffen. Diese Form massiver Einwirkung auf das Stadtgefüge legt den Vergleich mit einer theatralen Stadteroberung nahe. Bereits auf den ersten Blick lässt sich diese These auf verschiedensten Ebenen verifizieren, wie beispielsweise anhand der Beflaggung der Stadt mit Festivalfahnen sowie des Versuchs der Vereinnahmung des Publikums mit Hilfe der Idee des populären Theaters. Am deutlichsten zeigt sich der Vorgang jedoch an der räumlichen Erschließung Avignons, die im Mittelpunkt dieser Arbeit steht. Im folgenden Kapitel, das in drei Hauptblöcke unterteilt ist, werden verschiedene Raumeroberungsstrategien näher beleuchtet, die in ihrer Gesamtheit die Reichweite der Stadtvereinnahmung deutlich machen sollen. Den Anfang macht die Betrachtung der Theatralisierung historischer Räume, deren Eroberung den Ausgangspunkt des Festivals bildete. In späteren Jahren nahm die Bestrebung zu, nicht nur die wichtigsten Sehenswürdigkeiten in das Festival zu integrieren, sondern die Stadt als Ganzes. Daher widmet sich der zweite Block der theatralen Eroberung öffentlicher Räume. Der Zeitpunkt, ab dem dieses Thema besondere Brisanz erfuhr, war das Jahr 1968, das eine zunehmende Politisierung und Vereinnahmung der Straße und anderer öffentlicher Bereiche mit sich brachte. In diesem Kontext gilt es zu untersuchen, inwieweit die politischen Ereignisse jener Zeit auf das Theaterwesen Avignons Einfluss genommen haben und wie dies mit dem in der Folgezeit entstehenden *OFF*-Festival in Verbindung zu setzen ist. Be-

---

173 Vilar zitiert nach Armengol 1990, 54.

174 Siehe Viard 1990, 156. Dass diese Idee nicht nur von Vilar verfolgt wurde, zeigt beispielhaft das Festivalplakat aus dem Jahre 1980, auf dem lediglich die Worte „Avignon 80" zu sehen waren. Siehe Baecque 2006, 62.

sonders relevant ist in diesem Zusammenhang die ab Ende der 60er Jahre zu beobachtende räumliche Explosion des Theatralen in Avignon, die bis heute - von einigen Jahren der Flaute abgesehen - stets weiter zunimmt. Mit der Überschreitung der Grenzen geschlossener Räume ging auch eine Ausweitung über die Stadtmauern hinaus einher, die exemplarisch an Peter Brooks *Le Mahabharata* von 1985 thematisiert wird. Die Besonderheit dieses Projektes war unter anderem Brooks explizite Suche nach einem sogenannten *leeren Raum*, der mit Mitteln des Theaters gefüllt werden sollte. Die Eroberung begnügte sich folglich nicht mit der Vereinnahmung und Bespielung der Monumente der Stadt und des Lebensraumes der Menschen, sondern suchte zudem nach Leerstellen, die gewissermaßen ihre Erstprägung durch das Festival erhalten sollten. Diese invasionsartige Ausweitung führt zu dem dritten Block, der sich mit der Vereinnahmung privater Räume beschäftigt. Dieser nicht direkt auf den ersten Blick erfassbare Aspekt unterscheidet das *Festival d'Avignon* vermutlich am fundamentalsten von den meisten anderen Festivalformen und Kulturveranstaltungen, da hier selbst die Grenzen der Privatsphäre überschritten werden.

4.1 Die Theatralisierung historischer Räume

Die Geburtsstunde des *Festival d'Avignon* fand in dem wohl bekanntesten und bedeutsamsten historischen Bauwerk Avignons, dem Palais des Papes statt. Im Laufe der Festivalgeschichte wurden weitere geschichtsträchtige Orte wie Klöster und Kirchen zu Theaterzwecken erschlossen. Diese „Wiederverwendung" und die damit verbundene Neuinterpretation jener Gebäude macht wohl bis heute eines der prägnantesten und herausragendsten Merkmale des Festivals aus. Ballé sagt hierzu:

> La particularité et l'originalité de ce festival ont été en effet d'intégrer l'héritage architectural à une activité contemporaine de création artistique, préfigurant ainsi la réutilisation ultérieure des monuments.[175]

Mit den Mitteln des Theaters wurde und wird es somit möglich, das viele Jahrhunderte zurückliegende Mittelalter wiederzubeleben. Dieser Epoche, aus der der Großteil der bespielten Bauwerke entstammt, verdankt Avignon, wie bereits dargelegt, einen Großteil seiner heuti-

---

175 Ballé 1984, 35.

gen Gestalt und seiner Bekanntheit. Bécriaux formuliert in einem Artikel in *Le Méridional* von 1947: „Tout le Moyen-Age peut revivre et doit y revivre, car c'est en lui qu'Avignon a puisé ses plus beaux titres de gloire, c'est à lui qu'il doit toute son histoire, dans ce qu'elle a eu de plus noble, de plus cultivé et de plus durable."[176] Interessant im Kontext der Forschungsfrage ist nun, welche Wechselwirkungen zwischen der Geschichtlichkeit der Bauten, den aus dieser Zeit heute sicht- und spürbaren Spuren der Vergangenheit und der aktuellen Nutzungsweise entstehen und welche Auswirkungen diese wiederum auf eine potentielle Theatralisierung, oder genauer auf die Eroberung der Stadt mit theatralen Mitteln, hat.

Von Cicero, der sich ebenfalls bereits mit der Thematik der Vergangenheitsspeicherung in Räumen befasste, stammt der vielzitierte Ausspruch: „Groß ist die Kraft der Erinnerung, die Orten innewohnt."[177] Zu untersuchen gilt es nun, wie Vilar und das Festivalteam mit dieser Kraft umgegangen sind und ob, und wenn ja in welcher Form, sie diese zu eigenen Zwecken beziehungsweise zur Theatralisierung und Eroberung Avignons genutzt haben. Im ersten Abschnitt bilden einige ausgewählte Thesen Pierre Noras zu den *Lieux de mémoire* den theoretischen Unterbau, der auf seine Kompatibilität mit den Konzepten und Strategien des *Festival d'Avignon* untersucht wird.[178] Herausgegriffen wird zu diesem Zweck zunächst das Phänomen der Atmosphäre oder auch Aura von Orten, und zwar unter der Fragestellung, ob diese als immaterielle Gedächtnisspur sowie als Schnittstelle zwischen Vergangenheit und Gegenwart fungieren kann. Anschließend wird der Frage nachgegangen, wie im konkreten Fall des Cour d'Honneur mit den Spuren lang vergangener Zeiten umgegangen wird und ob diese eher eine Chance oder eine Belastung für die Wiederverwendung des Ortes zu theatralen Zwecken darstellten. Abschließend werden die allge-

---

176 Bécriaux 1947, 1.

177 Cicero, zitiert nach Assmann 1999, 298.

178 Der in dieser Arbeit lediglich gestreifte Diskurs um Erinnerungskultur und (kulturelles) Gedächtnis ist auch heute noch in vielen Disziplinen von größter Aktualität. Zudem darf nicht vergessen werden, dass der moderne Diskurs bereits in der Mnemosyne sowie der antiken Rhetorik seine Wurzeln hat. Ein Überblick der Forschungspositionen und Strömungen von den Anfängen bis heute findet sich bei Marx 2003, 137-151. Da der Rahmen dieser Arbeit keine allzu eingängige Beschäftigung mit der Thematik des kulturellen Gedächtnisses erlaubt, siehe für weitere Informationen: Assmann 1988, Assmann 1999, Halbwachs 1985, Halbwachs 2006, Kreuder 2002 und Marx 2003.

meinen Ausführungen an zwei konkrete Inszenierungsbeispiele, *Richard II* von 1947 und *La Mélancolie des dragons* von 2008, zurückgebunden. Die zeitlich sehr weit auseinanderliegenden Beispiele sollen stichprobenartig die Bandbreite möglicher theatraler Annäherungen an historische Räume aufzeigen.

4.1.1 Die Kristallisation von Vergangenheit an Orten und Gebäuden – Pierre Noras Begriff der *Lieux de mémoire*

Der französische Historiker Pierre Nora[179] prägte den noch heute vielverwendeten und -zitierten und Begriff der *Lieux de mémoire,* zu deutsch *Erinnerungsorte.*[180] François und Schulze fassen dessen Bedeutung in kondensierter Form zusammen, indem sie einen *Erinnerungsort* beschreiben als einen

> materiellen wie auch immateriellen, langlebigen, Generationen überdauernden Kristallisationspunkt kollektiver Erinnerung und Identität, der durch einen Überschuß an symbolischer und emotionaler Dimension gekennzeichnet, in gesellschaftliche, kulturelle und politische Üblichkeiten eingebunden ist und sich in dem Maße verändert, in dem sich die Weise seiner Wahrnehmung, Aneignung, Anwendung und Übertragung verändert.[181]

Die an den Begriff gekoppelten Ausführungen Noras bezüglich des Diskurses um Geschichtlichkeit, Erinnerung und Gedächtnis sind sehr

---

179 Noras Forschungen sind der späten Phase der *nouvelle histoire* Bewegung zuzurechnen. Sein Hauptwerk stellt die Veröffentlichung über die Erinnerungsorte Frankreichs (Nora 2005.) dar, deren theoretische Grundlagen er zudem in einem Kurzband zusammenfasste, der auf Deutsch unter dem Titel Nora, Pierre: Zwischen Geschichte und Gedächtnis, Berlin 1990 erschienen ist.

180 In der vorliegenden Arbeit wird der Erinnerungsort nahezu ausschließlich im Sinne eines materiellen Ortes thematisiert. Dies ist jedoch nur eine mögliche Ausprägung von Noras Begriff, da es sich dabei ebenso um eine Nationalhymne, ein Ritual oder ein Fest, also auch um Institutionen, Begriffe, Mythen und Legenden handeln kann. Siehe Carcenac-Lecomte 2000, 18. Noras Ansatz und Begrifflichkeit wurde in zahlreichen Publikationen in verschieden Ländern wie Deutschland, den Niederlanden, Italien, Dänemark und Österreich aufgegriffen und weiterentwickelt. Siehe hierzu beispielsweise François und Schulze 2001, 12.

181 François und Schulze 2001, 17f.

umfangreich und können im Folgenden nur ausschnittsweise beleuchtet werden. Herausgegriffen werden daher lediglich jene Gedanken, die der Beschäftigung mit der theatralen Eroberung historischer Räume dienlich sein können.

Eine zentrale terminologische Basisunterscheidung, mit der sich Nora deutlich von vielen seiner Zeitgenossen abzugrenzen versucht, ist die zwischen Geschichte und Gedächtnis[182]. Geschichtsschreibung beruhte laut Nora bis dato meist auf der Behauptung bestimmter Realitäten, mit dem Ziel, die Vergangenheit anhand scheinbar verifizierter Fakten und durchgängiger, kohärent verlaufender Ereignisketten zu erklären und zu konstruieren.[183] Diese Realitäten will Nora nicht bestreiten oder leugnen. Er bemängelt jedoch bei dieser Form der Vergangenheitsrekonstruktion, die sich meist ausschließlich auf große Entwicklungsstränge stützt, die Auslagerung und Vernachlässigung symbolischer, individueller und zwischenmenschlicher Ebenen.[184] Auf dieser Grundlage schlägt er eine neue Form der Geschichtsschreibung vor.

> Diese untersucht nicht mehr die Determinanten, sondern deren Auswirkungen; nicht mehr die Aktionen, die in Erinnerung bleiben oder deren sogar gedacht wird, sondern die Spuren dieser Aktionen und die Spielregeln dieser Formen des Gedenkens; nicht mehr die Ereignisse an sich, sondern deren Konstruktion in der Zeit, das Verschwinden und Wiederaufleben ihrer Bedeutungen; nicht die Vergangenheit, so wie sie eigentlich gewesen ist, sondern ihre ständige Wiederverwendung, ihr Gebrauch und Mißbrauch sowie ihr Bedeutungsgehalt für die aufeinanderfolgenden Gegenwarten [...]. Kurz: Es geht weder um Wiederauferstehung noch um Rekonstruktion, nicht einmal

---

182 Die Begriffe Geschichte und Gedächtnis werden im Folgenden klar voneinander unterschieden. Gedächtnis und Erinnerung hingegen sind im weiteren Verlauf der Untersuchung als Synonyme zu verstehen.

Es kann, geht man anstelle eines linearen von einem zyklischen Zeitbegriff aus, und bezieht man den Konstruktionscharakter von Vergangenheit mit ein, nicht von einem universellen, einheitlichen Erinnerungsbegriff, sondern von einer Vielzahl verschiedener Erinnerungs- und Vergangenheitskonstruktionen gesprochen werden. Siehe Marx 2003, 155f.

183 Siehe Nora 2005 b, 16.

184 Siehe François und Schulze 2001, 9f. Der hier genannte Ansatz korrespondiert mit den Ausführungen Constanze Schulers, die - wie im Kapitel zu den Grundbegriffen beschrieben - eine Zusammenschau von symbolischen, kulturellen und baugeschichtlichen Aspekten anstrebt. Siehe Schuler 2007, 39-43.

> um Darstellung, sondern um *Wiedererinnerung*, wobei Erinnerung nicht einen einfachen Rückruf der Vergangenheit, sondern deren Einfügung in die Gegenwart meint.[185]

Diese Sichtweise entwickelte sich in der Folgezeit zu einer Art Prototyp für eine neue Form des Umgangs mit Vergangenem, durch den man „eine Geschichte der Gegenwart aus deren eigener Perspektive sehen kann"[186]:

> Dabei handelt es sich jedoch um eine erweiterte Gegenwart, in der sich der bereits vollzogene Wandel fortsetzt und die sich selbst nur vermittels einer Vergangenheit zu erfassen vermag, die zu neuem Zauber und Mysterium gelangt, einer Vergangenheit als Zuflucht, von der man mehr als je zuvor annimmt, daß sie die Geheimnisse nicht nur unserer ‚Geschichte', sondern unserer gesamten ‚Identität' birgt.[187]

Nora beschreibt einen sich an diese Sichtweise anschließenden Ablöseprozess, weg von einem ritualisierten und zentralen Gedenken, das sich beispielsweise dogmatisch an Monumentalbauten und Standbilder koppelt, hin zu einer dezentralen Vielzahl an individuellen Zugängen unterschiedlicher Generationen und Einzelpersonen, die er unter dem Begriff des Gedächtnisses bündelt.[188] Das daraus entstehende antagonistische Begriffspaar[189] grenzt Nora folgendermaßen voneinander ab:

> Das Gedächtnis ist ein stets aktuelles Phänomen, eine in ewiger Gegenwart erlebte Bindung, die Geschichte hingegen eine Repräsentation der Vergangenheit. Weil das Gedächtnis affektiv und magisch ist, behält es nur die Einzelheiten, welche es bestärken: es nährt sich von unscharfen, vermischten, globalen

---

185 Nora 2005 b, 16.

186 Siehe François und Schulze 2001, 12.

187 Nora 2005 b, 19. Der Aspekt der Identitätsbildung und Speicherung wird in den folgenden Kapiteln erneut aufgegriffen.

188 Siehe Nora 2005c, 550. Diese Form der Vergangenheitsaneignung verfolgt das Festival durch die Bespielung historischer Räume und die damit verbundene Möglichkeit für jeden Einzelnen, sich einen persönlichen Weg der Annäherung zu entwerfen. Mehr zur Verwendungsweise historischer Räume durch das Festival findet sich in den nachfolgenden Kapiteln.

189 Aleida Assmann schlägt vor, die strikte Polarisierung zwischen Geschichte und Gedächtnis aufzuheben, nicht um diese ineinander zu überführen, sondern um sie als „zwei Modi der Erinnerung festzuhalten", als Funktions- und Speichergedächtnis. Siehe Assmann 1999, 134.

> oder unsteten Erinnerungen, besonderen oder symbolischen, ist zu allen Übertragungen, Ausblendungen, Schnitten oder Projektionen fähig. Die Geschichte fordert, da sie eine intellektuelle, verweltlichende Operation ist, Analyse und kritische Argumentation.
>
> Das Gedächtnis rückt die Erinnerung ins Sakrale, die Geschichte vertreibt sie daraus, ihre Sache ist die Entzauberung.[190]

Hervorgehoben wird von Nora als Merkmal des Gedächtnisses folglich unter anderem der interpretative Zugang zu Vergangenem, der durch größere Deutungsfreiheiten einen flexibleren Umgang ermöglicht. „Nicht das, was die Vergangenheit uns aufzwingt, zählt, sondern das, was wir in sie hineinlegen. [...] Die Geschichte schlägt vor, doch die Gegenwart entscheidet [...]."[191]

Hintergrund und Auslöser für Noras eingängige Beschäftigung mit dem Gedächtnis war der durch ihn vorhergesagte Verlust desselben, dessen Anfänge er in der Industrialisierung des 19. Jahrhundert ansiedelte. Diese löste die „bäuerliche Welt"[192] ab, die in seinen Augen eine der wesentlichen „Gedächtnisgemeinschaften"[193] darstellte. Mit dem Zerfall herkömmlicher, traditioneller Institutionen und Lebensgemeinschaften, die als eine Art Gedächtnisspeicher fungierten, ging somit auch die Erinnerung als solche, von Nora als wahres Gedächtnis[194] bezeichnet, verloren. Für die Einleitung der drastischsten Phase des Gedächtnisuntergangs machte er schließlich die Massenmedien verantwortlich, die mit ihrem „Aktualitätsrausch jedes Geschehen zu etwas Merk-Würdigem erheben"[195]. Erst durch diese Verschiebungen wurde eine begriffliche Trennung zwischen Gedächtnis und Geschichte notwendig, die zuvor als Einheit und damit als Synonyme betrachtet werden konnten.[196] Nora bezeichnet seine Gegenwart aus diesem Grund als Zeit des Umbruchs, einer Phase des „Abreißens des Gedächtnisses"[197]. Dieses ist jedoch seiner Auffassung nach zu diesem Zeitpunkt noch nicht unwiederbringlich verloren, vielmehr sieht er die

---

190 Nora 1990, 13.

191 Nora 2005 c, 553.

192 Nora 1990, 11.

193 Carcenac-Lecomte 2000, 15.

194 Siehe Carcenac-Lecomte 2000, 16.

195 Carcenac-Lecomte 2000, 15.

196 Siehe Nora 1990, 12f.

197 Nora 1990, 11.

Möglichkeit, sich auf noch vorhandene Gedächtnisreste zu besinnen, indem man die Orte aufsucht, in die diese sich zurückgezogen hatten. Nora ist, wie Carcenac-Lecomte zusammenfasst, der Meinung, es bestünden in „den Orten des Gedächtnisses verschüttete Fragmente des ‚wahren' Gedächtnisses, die er [Nora] herauszuschälen versucht."[198] An anderer Stelle äußert Pierre Nora sich, dies bekräftigend, folgendermaßen: „Das Gedächtnis haftet am Konkreten, am Raum [...]."[199] Die Notwendigkeit jedoch, diese Bruchstücke in Orten zu suchen, entstand erst durch die Spaltung von Gedächtnis und Geschichte, deren einstige Einheit er als „milieu de mémoire"[200] bezeichnet.

> Hausten wir noch in unserem Gedächtnis, brauchten wir ihm keine Orte zu widmen. Es gäbe keine Orte, weil es kein von der Geschichte herausgerissenes Gedächtnis gäbe. Jede Geste bis zur alltäglichsten würde wie die religiöse Wiederholung dessen erlebt, was immer schon getan wurde, in einer körperlichen Identifizierung von Tat und Sinn.[201]

Wenn diese Einheit aber nicht mehr besteht, bietet die Bindung an *Erinnerungsorte*[202], die auch als Speicher für nationales Gedächtnis und Identität fungieren können, die Möglichkeit, den mit dem Verlust des sogenannten wahren Gedächtnisses einhergegangenen Identitätsverlust zu kompensieren. Neben dieser Funktion übernehmen die *lieux de mémoire* häufig auch epochen- und ebenenübergreifende Funktion, in ihnen „verbinden sich Raum und Zeit, Gegenwart und Vergangenheit."[203] Nicht jede Räumlichkeit kann jedoch auch zu einem *Erinnerungsort* werden. Laut Nora ist „ein materieller Ort [...] erst dann ein Gedächtnisort, wenn er mit einer symbolischen Aura umgeben ist."[204] Als besonders geeignet erscheinen ihm

---

198 Carcenac-Lecomte 2000, 18.

199 Nora 1990, 13.

200 Nora 1990, 11.

201 Nora 1990, 12.

202 Ein Erinnerungsort kann aus drei je unterschiedlich gewichteten Komponenten bestehen, dem mit symbolischer Bedeutung belegten materiellen Ort, dem Ritual unterliegenden funktionalen Ort und dem periodisch eine Erinnerung hervorrufenden symbolischen Ort. Siehe Carcenac-Lecomte 2000, 18.

202 Carcenac-Lecomte 2000, 20.

203 Assmann 2006, 218.

204 Nora 1990, 26. Der Begriff der Aura sowie der damit verwandte Terminus der Atmosphäre wird im folgenden Kapitel aufgegriffen, in dem eben jene

> [...] gerettete Orte eines Gedächtnisses, die wir nicht mehr bevölkern, halboffizielle und institutionelle, halbaffektive und sentimentale Orte; Orte der Eintracht, in denen doch kein Gemeinsinn mehr lebt, Orte die weder politische Überzeugung noch leidenschaftliche Teilnahme mehr ausdrücken und in denen gleichwohl noch etwas von symbolischem Leben pocht.[205]

Ein *Erinnerungsort* kann jedoch nicht aus sich selbst heraus entstehen, sondern ist auf den Willen jedes Einzelnen angewiesen, die darin verborgenen Vergangenheitsfragmente aufzuspüren und somit dem Vergessen entgegenzuwirken. Diese Form der Annäherung an vergangene Ereignisse und deren Spuren korrespondiert stark mit der Aneignung historischer Orte durch das *Festival d'Avignon*. Zudem scheint die im vorangegangenen Zitat aufgeführte Beschreibung Noras einer sich zum *Erinnerungsort* eignenden Räumlichkeit wie auf den Palais des Papes in Avignon zugeschnitten zu sein. Es bietet sich daher an, im Folgenden einige der Ideen Noras mit der theatralen Eroberung historischer Räume durch das Festival abzugleichen.

4.1.2 Die Atmosphäre historischer Spielorte als Schnittstelle zwischen Vergangenheit und Gegenwart

Das Problem bei der Übertragung der genannten Thesen Noras auf ein konkretes Beispiel wie das *Festival d'Avignon* ist die Abstraktheit der Begriffe und die mangelnde Greifbarkeit der Beschreibungsgegenstände. So handelt es sich bei den Spuren der Vergangenheit beispielsweise weniger um benenn- und greifbare Elemente, als eher um sich stets im Wandel befindliche Phänomene, die je nach Terminologie auch unter den Schlagworten Atmosphäre oder auch Aura[206] gefasst werden können. Forster meint hierzu:

> An der Schwelle zwischen Innen- und Außenraum lösen atmosphärische Elemente die Grenze [zwischen dem Bauwerk als statischem Objekt und seiner stets im Wandel begriffenen Wirkung] momentan auf und übernehmen die Rolle eines Bindeglieds zwischen zwei Erfahrungsbereichen. An dieser unsteten

---

ungreifbaren Komponenten, die einen gewöhnlichen von einem Ort der Erinnerungsspeicherung unterscheiden, als Schlüssel zwischen Vergangenem und gegenwärtigem Erleben thematisiert werden.

205 Nora 1990, 18.

206 Die Forschungsansätze zu den Bereichen Atmosphäre und Aura sind zahlreich und können im Rahmen dieser Arbeit nicht ausführlich referiert werden.

> Grenze muß jeder Versuch beginnen, den flüchtigen Phänomenen des Raumes näherzukommen [...].[207]

Trotz der Schwierigkeit, dieses flüchtige Phänomen begrifflich zu fixieren, scheint gerade hier ein möglicher Ankerpunkt zu liegen, mit dessen Hilfe Noras theoretische Diskurse in die Realität des Festivals überführt werden können. Gerade die atmosphärischen Gegebenheiten eines Raumes werden - so eine der Thesen dieses Kapitels - in Form eines Konglomerats aus Vergangenheitsspuren und dem gegenwärtigen Raumempfinden als Schnittstelle zwischen Vergangenheit und Gegenwart wirksam. Aufgrund der Abstraktheit und Flüchtigkeit des Begriffes Atmosphäre kann das Ziel nicht die Erlangung allgemeingültiger Ergebnissen, sondern lediglich eine Annäherung anhand unterschiedlicher Betrachtungsweisen sein. Die Verfolgung dieses Zieles geschieht in dem Bewusstsein, dass sich die Empfindungen und Bedeutungszuschreibungen bezüglich atmosphärischer Zustände je nach Person, aber zum Beispiel auch je nach Epoche grundlegend unterscheiden können.[208] Daraus folgt für die spätere Betrachtung konkreter Inszenierungsbeispiele, dass der jeweilige Regisseur zwar ein Konzept der Raumnutzung und -bewertung vorschlagen kann, sich aber dennoch jeder einzelne Zuschauer eigenständig zu der Geschichtsträchtigkeit des Ortes positioniert, die Atmosphäre des Raumes individuell wahrnimmt und diese nach eigenen Maßstäben mit dem Theaterereignis verknüpft.

Bereits bei dem Versuch einer Definition des Begriffes Atmosphäre wird die geringe Greifbarkeit des Wortes deutlich. Althans bezeichnet Atmosphäre beispielsweise als das, „was eine Stadt erst erzeugt und besonders, charakteristisch macht, wie etwa ihre Gerüche und ihre Geräusche. Die Atmosphäre muß man spüren können, sie ist somit an das körperliche Empfinden und die leibliche Anwesenheit derjenigen,

---

207 Forster 2006, 357.

208 Man könnte allerdings vermuten, dass innerhalb einer Epoche aufgrund der jeweiligen Gegebenheiten und Rahmenbedingungen gewisse Gemeinsamkeiten im Umgang mit den Spuren von Vergangenem oder, wie Nora sagt, in der „Wiedererinnerung" (Nora 2005 b, 16.) auszumachen sind. Diese These lässt sich stichprobenartig an den Inszenierungsbeispielen der Kapitel 4.1.4 und 4.1.5 untersuchen, da hier exemplarisch ein Entwurf der historischen Raumverwendung aus der Nachkriegszeit sowie aus dem Jahre 2008 gezeigt wird.

die sie wahrnehmen, gebunden."[209] Aleida Assmann wiederum verknüpft die Aspekte der körperlichen Präsenz und der Begegnung mit Vergangenheitsspuren. Eine Einverleibung, im wahrsten Sinne des Wortes, von Geschehnissen vergangener Zeiten, die man nicht selbst erlebt hat, ist, so Assmann, nur anhand direkter, körperlicher Raumerfahrung möglich. Orte dienen dabei als Brücke zwischen Fremd- und Eigenerfahrung, die daraufhin zu einer Einheit verschmelzen. Der Vorgang, den Assmann am Beispiel einer Schulklasse verdeutlicht, die nach Auschwitz reist, um dort „die Geschichte körperlich in sich aufzunehmen"[210], kann ansatzweise auf die Theatralisierung des Papstpalast übertragen werden. Das Festival nutzt die leibliche Präsenz der Zuschauer in den gewählten historischen Räumen zur Schaffung persönlicher Identifikation mit dem Ort und dadurch gleichsam mit dem Festival. Dieser Schritt der Ortsbegehung ist zusätzlich von besonderer Bedeutung, da anders als bei chronologischen Geschichtsschreibungen die atmosphärischen Eindrücke, die auf den eine Inszenierung besuchenden Zuschauer einwirken, nicht in einer festen Zeit- oder Bedeutungshierarchie stehen und somit von Person zu Person abweichen. Zutreffend wäre daher das Bild eines Fundus an verfügbaren Fragmenten, die von jedem Betrachter unterschiedlich aufgenommen, weiterverwendet und durch eigene Erfahrungen angereichert werden können. Assmann, die in Anlehnung an Nora dem *Erinnerungsort* die Aufgabe zumisst, als Verschränkung von Gegenwart und Vergangenheit zu fungieren[211], untermauert diese Vermutung:

> Das Gedächtnis kennt nicht den behäbigen und unbestechlichen Maßstab chronologischer Zeitrechnung: Es kann das Allernächste in unbestimmte Ferne und das Ferne in bedrängende Nähe rücken. Während über das Geschichtsbewußtsein einer Nation die chronologisch geordneten Geschichtsbücher Aufschluß geben, findet das Gedächtnis einer Nation seinen Niederschlag in der Gedächtnislandschaft seiner Erinnerungsorte. Die eigentümliche Verbindung von Nähe und Ferne macht diese zu auratischen Orten, an denen man einen unmittelbaren Kontakt mit der Vergangenheit sucht. Die Magie, die

209 Althans 2001, 23. Den zentralen Schritt, der eigenen leiblichen Raumerfahrung bezeichnet Marc Augé als „anthropologie du proche". Nähere Informationen hierzu finden sich bei Augé 1992.

210 Assmann 2006, 59.

211 Siehe Assmann 1999, 338.

> den Erinnerungsorten zugeschrieben wird, erklärt sich aus ihrem Status als Kontaktzone.[212]

Die Überlegungen zu Ferne und Nähe der Vergangenheitsbegegnung sind wichtige Bausteine für die Annäherung an den Begriff der Atmosphäre. Es gibt allerdings unterschiedliche Auffassungen, in welcher Weise sich die Erzeugung von Entferntheits- beziehungsweise Nähegefühl auf die Atmosphäre und das Raumerlebnis auswirkt. Während für Assmann durch den *Erinnerungsort* ein Kontakt und eine Verbindung zur Vergangenheit hergestellt wird, erzeugt dieser nach den Ausführungen Walter Benjamins eher ein Gefühl der Distanz, wie Assmann in Abgrenzung zu den eigenen Ausführungen deutlich macht:

> Das in der Aura enthaltene Heilige gründete für Benjamin nicht in einem Nähe-, sondern in einem Ferne- und Fremdheitsgefühl. Ein auratischer Ort in diesem Sinne macht kein Unmittelbarkeits-Versprechen; eher ist es ein Ort, an dem die unnahbare Ferne und Entzogenheit der Vergangenheit sinnlich wahrgenommen werden kann.[213]

Diese Beschreibung passt gut zu der Beschaffenheit beziehungsweise der „Aura" des Papstpalastes, da sich hier durch dessen Kargheit und Monumentalität die Vergangenheit zwar optisch und sinnlich vermittelt, sich aber dennoch als eine sehr entfernte und fremde darstellt. Die zeitliche Entrücktheit der Bau- und Hauptnutzungszeit des Gebäudes wird in Form von Kontrastierung besonders durch das Zusammentreffen des Raumes mit einer aktuellen kulturellen Weiterverwendung, in diesem Falle einer Theateraufführung, verdeutlicht. Gerade diese letztendliche Unvereinbarkeit der Elemente macht für Benjamin die auratische Dimension des Erinnerungsortes aus, die, wie Assmann in Anlehnung an Benjamin formuliert, „gerade in seiner Fremdheit, in diesem kategorischen Bruch [liegt], der sich vor Ort schwerer überspringen läßt als in der imaginativen Rezeption eines Buches oder Films."[214] Diese Aussage bestätigt die obige These, dass sich das atmosphärische Erlebnis der Geschichtsbeladenheit eines Ortes nur vermittelt, wenn man selbst körperlich anwesend ist, um diese sinnlich zu

---

212 Assmann 1999, 337.

213 Assmann 1999, 338. Eine ausführliche Beschäftigung mit dem Aurabegriff Walter Benjamins ist in diesem Rahmen nicht möglich. Dieser dient vielmehr als Werkzeug zur Beschreibung und Erfassung der Begegnung mit den historischen Spielorten Avignons.

214 Assmann 1999, 338.

begreifen. Jedoch eröffnet sie auch ein Paradoxon, das besagt, dass man umso befremdeter ist und dass der Bruch zwischen der erlebten Realität und der gespeicherten Vergangenheit umso deutlicher wird, je unmittelbarer man mit dem Raum in Kontakt tritt. Gerade jedoch dieses Fremdheitsgefühl ist in Benjamins Verständnis der Schlüssel zu der auratischen Dimension eines Ortes. Erst wenn sich diese eröffnet, kann aus dem bloßen Gemäuer auch ein Ort der Erinnerung werden.

Wie aus dem vorherigen Kapitel ersichtlich wird, liegt laut Nora die einzige Chance zum Erhalt des „wahren Gedächtnisses"[215] in der Freisetzung der davon erhaltenen und in *Erinnerungsorten* gespeicherten Fragmente.[216] Die Frage ist nun, ob und in welcher Form diese Freisetzung durch die Raumerschließung, wie sie das Festival vornimmt, möglich gemacht werden kann beziehungsweise gefördert wird.

> Selbst wenn Orten kein immanentes Gedächtnis innewohnt, so sind sie doch für die Konstruktion kultureller Erinnerungsräume von hervorragender Bedeutung. Nicht nur, daß sie die Erinnerung festigen und beglaubigen, indem sie sie lokal im Boden verankern, sie verkörpern auch eine Kontinuität der Dauer, die die vergleichsweise kurzphasige Erinnerung von Individuen, Epochen und auch Kulturen, die in Artefakten konkretisiert ist, übersteigt.[217]

Ein zeitüberdauerndes Monument dient somit als eine Art Verbindungsglied zwischen den flüchtigen Einzelgedächtnissen und reicht auf diese Weise Erinnerung von Generation zu Generation weiter. Die Aufgabe jedes Einzelnen ist es nun, den geschichtsträchtigen Steinen das Gespeicherte wieder zu entlocken und zu neuem Leben zu erwekken. Folgt man Reys Aussagen, vermochte Vilar dies durch seine Arbeitsweise zu erreichen: „[...] Jean Vilar [...] a montré que par son talent l'homme, et en particulier l'artiste, [qu'il] peut restituer une âme

---

215 Carcenac-Lecomte 2000, 16.

216 Assmann gibt bei der Verbindung der Begiffe Ort und Gedächtnis Folgendes zu bedenken: „Wer von dem ‚Gedächtnis der Orte' spricht, bedient sich einer ebenso bequemen wie suggestiven Formel. Bequem ist die Wendung, weil sie offenläßt, ob es sich hier um einen genetivus objectivus, ein Gedächtnis an die Orte, oder einen genetivus subjectivus und also um ein Gedächtnis handelt, das in den Orten selbst lokalisiert ist; suggestiv ist die Wendung, weil sie die Möglichkeit nahelegt, daß die Orte selbst zu Subjekten, Trägern der Erinnerung werden können und womöglich über ein Gedächtnis verfügen, das weit über das der Menschen hinausgeht." (Assmann 1999, 298.)

217 Assmann 1999, 299.

aux colosses de pierres chargés de gloire et d'histoire."[218] Da diese sogenannte Beseelung der Steine jedoch nur verwirklicht werden konnte und kann, wenn auch das Publikum die Ambition entwickelt, den *Erinnerungsorten* seine Gedächtnisfragmente zu entlocken, unternahm Vilar unter anderem den Versuch, die Bürger der Stadt in ein neues Verhältnis zu ihren eigenen Monumenten zu versetzen. Viele der Stadtbewohner hatten vor der Festivalgründung vermutlich kein persönliches, identifikatorisches Verhältnis zum Papstpalast und sahen ihn lediglich als Touristenattraktion. Selbst wenn eine Identifikation mit dem Bauwerk als wichtiges Element und Wahrzeichen der eigenen Stadt vorlag, so fehlte wahrscheinlich dennoch häufig dessen Verknüpfung mit persönlichen Erlebnissen. Auf diese Weise konnte der Cour d'Honneur und der umliegende Palast nicht als *Erinnerungsort* fungieren und verblieb auf der Ebene der Sehenswürdigkeit.

Als Mittel zur Überwindung dieser Distanz führte Vilar durch die Verbindung eines Besuches im Papstpalast mit einem abendfüllenden Theaterereignis eben jene oben benannte körperliche Raumerfahrung herbei. Dornes meint hierzu: „Les habitants aiment leur ville et le palais qui la domine. Une tentative faite pour donner plus de vie à un cadre qui leur est cher, les touche forcément et les attire vers des manifestations qu'ils eussent certainement délaissées dans autres conditions."[219] Der Ort erhielt auf diese Weise nicht nur auf konzeptioneller Ebene, sondern auch in den Köpfen der Zuschauer eine neue Konnotation und lud nicht mehr ausschließlich zur touristischen Besichtigungstour ein. Zudem wirkte im Gegenzug der ehrwürdige Ort als Zugpferd zur Publikumsgewinnung, sodass Vilar auch Zuschauer anwarb, die, wie Dornes vermutet, unter anderen räumlichen Bedingungen nicht ins Theater gegangen wären. Verstärkt wurde der auffordernde und einladende Effekt durch feierliche, ritualhafte Fanfarenklänge[220], die den Gang zum Papstpalast begleiteten und den Beginn jeder Aufführung einläuteten.

> La nuit tombant, la place de l'Horloge encore grouillante se vidait peu à peu quand retentissaient les premières sonneries de

---

218 Rey 1947, 1.

219 Dornes 1947, 1.

220 Diese Fanfarenklänge haben sich bis heute als markantes Merkmal des Festivals gehalten und sind unter anderem auch eine deutliche Abgrenzung zu den Aufführungen des *OFF*. Es besteht zudem eine Parallele zu den *Jedermann* Aufführungen der Salzburger Festspiele, die ebenfalls mit Trompetenklängen eröffnet werden.

> trompettes annonciatrices. Sur le parvis, les oriflammes claquaient en accord avec cette musique martiale pour une cérémonie inventée. La rumeur de la foule demeurait un instant dans l'air, confuse, pointilliste, pour se clore dans le silence sitôt que la nuit du théâtre commençait. La vaste porte refermée, les spectateurs devenaient les emmurés d'un ravissement consenti, conscients d'appartenir à une communauté déterminée.[221]

Neben dem Effekt der feierlichen Eröffnung und der Überhöhung des Eintrittsmomentes in den Palast stellen die Fanfaren auch einen Bezug zu der Entstehungszeit des Raumes her, in der diese Form der Trompetenklänge noch von etablierter Signalwirkung war. Der Zuschauer wird somit schon vor Beginn der Aufführung mit dem Spannungsfeld zwischen aktuellem Theatererlebnis und der Vergangenheitsträchtigkeit des Raumes konfrontiert.

Ein weiterer Teilaspekt gespeicherter Geschichtlichkeit in Orten, der auf verschiedene Weise sowohl die Bewohner Avignons, die Gäste der Stadt, als auch Ortsfremde betrifft, ist die Speicherung von Vergangenheit in dem Namen eines Ortes. Ohne jemals zuvor den Papstpalast oder einen der anderen historischen Räume des Festivals - von Banu als „pôles d'excellence"[222] der Stadt Avignon bezeichnet - betreten zu haben, können alleine das Renommee und der bloße Klang des Ortsnamens beeinflussend auf die Raumannäherung wirken: „Le spectateur approche ces lieux déjà imprégnés par l'écho du nom [...]."[223] Der Ruf, der den historischen Stätten Avignons vorauseilt, und das latente oder explizite Wissen bezüglich der Ereignisse, die an diesen Orten in früheren Zeiten stattgefunden haben, beeinflussen bereits vor dem Betreten des Raumes dessen Rezeption und atmosphärische Wahrnehmung.

Wurde bislang kontinuierlich davon ausgegangen, dass die historische Vorprägung der Räume sich in irgendeiner Weise auf das Theaterereignis niederschlägt, soll abschließend noch ein gegenläufiger Betrachtungswinkel mit einbezogen werden. In Roland Barthes Schilderungen fungieren die Räumlichkeiten und Orte Avignons nicht als Geschichtsträger, sondern im Gegenteil durch ihre Kargheit und

---

221 Lerrant 1996, 66.

222 Banu 1996, 29.

223 Banu 1996, 29.

Schnörkellosigkeit eher als form- und verfügbares Ausgangsmaterial zum Zwecke theatraler und menschlicher Begegnung.

> Avignon hat Vilar nicht einen privilegierten Ort, eine glanzvolle, Geistigkeit verströmende Stätte geschenkt. Zum Glück nicht: sondern einen schlichten, kalten, natürlichen Ort, der so sehr verfügbar ist, dass der Mensch dort endlich die Arbeit des Menschen ansiedeln konnte und dazu das Hervortreten des Schauspiels aus einer stimmlosen und schroffen Materie.[224]

Diese Offenheit und von Barthes nahezu als Neutralität beschriebene Räumlichkeit bietet nicht nur den Produzenten, sondern insbesondere auch den Rezipienten Raum für die eigene Gestaltung und Formung des Ortes. Im Gegensatz zu der Wahl einer Illusionsbühne im geschützten Rahmen eines geschlossenen Theaterhauses bieten Vilar und sein Team dem Publikum ein Forum für eigene Assoziationen und Bedeutungszuschreibungen. Diesen Schritt, mit dem sich das Theater selbst angreif- und verletzbarer - oder, bleibt man in der Begrifflichkeit, „eroberbarer" - macht, da es über die entstehenden Effekte keine alleinige Gewalt mehr hat, sieht Barthes als Vertrauensbeweis gegenüber dem Zuschauer an:

> Vor einigen Tagen war ich in Avignon [...]. Im Vorbeigehen habe ich einen Blick in den Hof des Papstpalastes geworfen, der bekanntlich der Hof von Vilars Festspielen ist. Das Wetter war schlecht, und im Grunde war er ziemlich grau und kalt, dieser Hof, mit seiner staubigen Erde, seinem Baum wie in einem Schulhof, seiner großen Holztür und seinen spärlichen spätwinterlichen Touristen. Und dennoch scheint mir, habe ich an diesem herben Spätnachmittag, an diesem offenen und neutralen Ort, eines am deutlichsten gesehen: Das populäre Theater ist ein Theater, das dem Menschen vertraut. [...] Man denke zum Beispiel an die offene Bühne. Was bedeutet sie anderes als die Tatsache, dass die Macht, den tragischen Ort als einen solchen zu qualifizieren, dem Zuschauer selbst übertragen wird und dass endlich der Mensch sein Schauspiel macht und nicht der Bühnentechniker?[225]

Man kann hier von einer Eroberung des Raumes durch die bewusst angeregte Phantasie des Zuschauers sprechen, der sich den Ort mittels seines persönlichen Assoziationsspektrums zu Eigen macht.

---

224 Barthes 2002, 82.

225 Barthes 2002, 78.

Es ist nun nicht das Ziel, die Positionen Noras und Barthes' gegeneinander aufzuwiegen, um schließlich zu einer eindeutigen Lösung zu finden. Vielmehr zeigt der Seitenblick auf die Ausführungen Barthes, dass es sich bei der Idee der Vergangenheitsspeicherung in Räumen um ein mögliches Interpretationsmodell handelt, das jedoch nicht den Anspruch auf alleinige Gültigkeit erheben kann. Dennoch dienen auch dem nächsten Kapitel die Ideen Noras als Ausgangsbasis, da sich diese auf zahlreichen Ebenen an den Umgang des Festivals mit dem Cour d'Honneur zurückbinden lassen.

4.1.3 Der Umgang mit den Spuren der Vergangenheit am Beispiel des Cour d'Honneur

Der Papstpalast,[226] das Wahrzeichen Avignons und seines Festivals, eignet sich als Paradebeispiel für die Verdeutlichung von Pierre Noras Thesen bezüglich der Spuren von Vergangenheit. Wie in Kapitel 4.1.1 bereits ausgeführt, geht Nora davon aus, dass sich diese Spuren an dafür geeigneten symbolischen Orten, den sogenannten *Erinnerungsorten,* kristallisieren können und so als Speicher des im Verschwinden begriffenen Gedächtnisses fungieren. Von der Möglichkeit einer solchen Speicherfunktion geht auch der Rezensent Robert Kenp aus, was aus seiner Beschreibung des Papstpalastes als „immense tombe d'un siècle, le XIV"[227] in *La Bataille* vom 11. Juni 1947 hervorgeht. Noras Ansatz reicht jedoch über das hier verwendete Bild hinaus, da er historische Orte nicht nur als Gräber ansieht, in denen die Ereignisse und Erinnerungen vergangener Epochen unwiederbringlich verschüttet liegen. Vielmehr hebt er deren Funktion als Gedächtnistransportmedium hervor. Der hier gewählte Terminus des Mediums dient der klareren Eingrenzung des Begriffes *Erinnerungsort,* da es zu betonen gilt - wie dies auch Assmann tut - dass Orten nicht im menschlichen Sinne ein eigenes Gedächtnis innewohnt, sondern diese als (be-) greifbare Manifestationen menschlicher Erinnerung zu verstehen sind.

---

226 Schon lange, bevor Vilar nach Avignon kam, gab es einige wenige Theateraufführungen im Papstpalast. Diese waren allerdings nicht von allzu großer Popularität und vor allem nicht von langer Dauer, sodass sie bei vielen nicht im Gedächtnis blieben. Der Initiator war Emile Sicard, welcher einen entsprechenden Vorschlag bereits 1911 äußerte und damit eine lebhafte, sehr konträre Diskussion auslöste. Die ersten Aufführungen in kleinem Rahmen fanden dann schließlich 1924 durch den sogenannten „cycle du Moyen-Age" statt. Siehe Anonymus 1947b, 1/2.

227 Kenp 1947, 1.

Die Besonderheit von Räumen liegt jedoch in dem Merkmal, zahlreiche Generationen zu überdauern und somit als Übermittler der Erinnerungen von Einzelpersonen fungieren zu können:

> Nicht nur, dass sie [die Erinnerungsorte] die Erinnerung festigen und beglaubigen, indem sie sie lokal im Boden verankern, sie verkörpern auch eine Kontinuität der Dauer, die die vergleichsweise kurzphasige Erinnerung von Individuen, Epochen und auch Kulturen, die in Artefakten konkretisiert ist, übersteigt.[228]

Im Sinne der zentralen Fragestellung gilt es nun zu untersuchen, wie das Festival im Falle des bekanntesten historischen Bauwerks von Avignon, des Papstpalastes, auf theatralem Weg mit den sicht- und spürbaren Resten und Fragmenten von Vergangenheit umgeht und wie es dessen Funktion als Erinnerungsbrücke zur Erschließung des Raumes nutzt.

Vilar grenzte sich - wie dies auch Nora tut - deutlich von einem streng rekonstruierenden Weg der historischen Raumannäherung ab, der beispielsweise in dem Versuch bestünde, die Ereignisse, die an eben dieser Stätte vor geraumer Zeit stattfanden, wiederzubeleben und nachzustellen. Ein Beispiel für eine solche Bestrebung möglichst authentischer Geschichtsrekonstruktion an historischen Orten lässt sich bei den sogenannten *Son-et-Lumière*-Produktionen finden, die in den 60er Jahren in Europa entstanden und sich von dort aus über die ganze Welt verbreiteten.[229] Der Weg, den das *Festival d'Avignon* hingegen wählt, weist einen grundlegend anderen Zugang auf, der deutlich näher an Noras Gedächtnisbegriff anzusiedeln ist. Anstelle einer Nachbildung historischer Ereignisse aus heutiger Sicht wird der Raum, wie im letzten Kapitel beschrieben, eher in seiner aus der Vergangenheitsträchtigkeit resultierenden atmosphärischen Dichte genutzt. Diese wird bewusst in theatrale Vorgänge eingeschlossen und mit der jeweiligen Inszenierung verwoben.

> La forme festivalière repose à Avignon sur la densité d'un passé rehaussé par la présence du monument roi; son énergie, banalisée désormais, émane du choc des temps qu'engendre la

---

228 Assmann 1999, 299.

229 Dieses Konzept beruht unter anderem auf den Ideen Victor Hugos, der eine Rekonstruktion realer Ereignisse an Originalschauplätzen anstrebte. Siehe Carlson 1989, 28f.

juxtaposition de l'art d'aujourd'hui avec le cadre d'hier ou d'avant-hier.[230]

Diese Verknüpfung von Spuren des Vergangenen mit aktuellen Kunstereignissen und die dadurch entstehende Offenheit zu neuer Bedeutungszuschreibung und (Re-)Interpretation geht mit Noras These konform, die Vergangenheitsbegegnung bestehe nicht in einem einseitigen Rezeptionsvorgang, bei dem lediglich Spuren erkannt und bewertet werden, sondern in deren aktiver Weiterschreibung und Neuinterpretation. Durch die Verfolgung dieses Ansatzes schreibt sich das Festival selbst in den *Erinnerungsort* mit ein, was wiederum zur Folge hat, dass bei heutigen Besuchen einer Theateraufführung im Cour d'Honneur nicht nur die Erinnerungsfragmente der Papstperiode, sondern auch jene früherer Inszenierungen mitschwingen. Roy meint hierzu: „[...] dans la Cour, pas une seule représentation n'existe pour elle-même, pas une n'est commentée sans appeler une nécessaire comparaison avec une autre qui aurait mieux ou moins bien „habité" le lieu[...]."[231]

Anstelle des von Nora verwendeten Bildes der Vergangenheitsspuren oder -fragmente spricht Carlson in diesem Zusammenhang von einem Geist der Vergangenheit, der stets aktuellen Geschehnissen beiwohnt. „The present experience is always ghosted by previous experiences and associations while these ghosts are simultaneously shifted and modified by the processes of recycling and recollection."[232] Carlson beschreibt wie auch Nora die Präsenz vergangener Zeiten nicht als unveränderliches, starres Erbe, sondern als weiterverwendbares, formbares Material, das der Gegenwart zur Verfügung steht. An einem Theaterort lässt sich das sogenannte *ghosting*[233] besonders eindrücklich sichtbar machen, da diesem „as a site of the continuing reinforcement of memory by surrogation"[234] der Prozess der Wiederbeschreibung inhärent ist, weshalb Carlson von einem Theaterraum auch als „memory machine"[235] spricht. Im Falle der Theatralisierung historischer Räume Avignons kommt folglich neben der theaterimmanenten

---

230 Loyer und de Baecque 2007, 34.

231 Ethis zitiert nach http://www.festival-avignon.com/index.php?r=94, Stand 3. März 2009.

232 Carlson 2003, 2.

233 Carlson 2003, 7.

234 Carlson 2003, 2.

235 Carlson 2003, 142.

Ebene der „Geisterheimsuchung" auch eine von Carlson stets mitbedachte (kultur-)geschichtliche Komponente hinzu. Es entsteht ein Prozess der Überlagerung beider Ebenen in sich ständig verändernder Gewichtung. Die Vergangenheitsrezeption verändert sich dabei mit der Wandlung des (kulturellen) Gedächtnisses und des Modus der Geschichtsannäherung, die, wie Carlson es nennt, die Parameter für den Rezeptionsmodus vorgeben.[236] „All reception is deeply involved with memory, because it is memory that supplies the codes and strategies that shape reception, and, as cultural and social memories change, so do the parameters within which reception operates [...]."[237] Ein zentraler Schritt im Umgang mit dem Geist der Vergangenheit ist für Carlson zudem der Abgleich mit eigenen Erfahrungen. „This process of using the memory of previous encounters to understand and interpret encounters with new and somewhat different but apparently simular phenomena is fundamental to human cognition in general, and it plays a major role in the theatre [...]."[238] Das *Festival d'Avignon* macht sich durch die Wahl historischer Räume diese menschliche Eigenschaft zum Zwecke theatraler Stadteroberung zunutze. Wendet man den erweiterten Begriff Noras an, bei dem nicht nur materielle Orte, sondern auch Rituale oder Feste zu *Erinnerungsorten* werden können, schreibt sich das Festival nicht nur in die bespielten Orte ein, sondern entwickelt sich selbst, geht man in diesem Gedankengang noch einen Schritt weiter, zu einem *lieu de mémoire*.

Worin besteht jedoch der konkrete Umgang des Festivals mit den Erinnerungsspuren und werden diese lediglich als Chance oder teilweise auch als Last für die Inszenierungsaufgabe empfunden?[239] Trotz

---

236 Ein Beispiel hierfür liefert der Paradigmenwechsel des postmodernen Theaters bezüglich der Wiederverwendung von Vergangenheitsfragmenten sowie von bereits vorhandenem Material. „The postmodern theatre [...] is almost obsessed with citation [...]. The conscious and calculated recycling of material [...] is widely recognized as one of the hallmarks of postmodern expression [...]." (Carlson 2003, 14.)

237 Carlson 2003, 5.

238 Carlson 2003, 6.

239 Da durch die im Laufe der Jahre stetig zunehmende Ausdifferenzierung des Festivals bezüglich seiner Orte und der beteiligten Künstler die Ausprägungen der Raumannäherung unüberschaubare Heterogenität angenommen haben, wäre es nicht möglich, diese Spannweite auf einen gemeinsamen Nenner zu bringen. Daher scheint es effektiver und aussagekräftiger, im Folgenden einen Schwerpunkt auf die Anfangszeit zu legen und die dadurch gewonnene Erkenntnis im Anschluss zu der Gründungsinzenierung

der großen Anziehungskraft, die der Cour d'Honneur auf Vilar[240] von Beginn an ausübte, war der Prozess der theatralen Raumeroberung, wie sich im Folgenden zeigen wird, auf der anderen Seite auch von einem stetigen Kampf gegen deren Übermacht begleitet. Es liegt nun die Vermutung nahe, dass diese Tatsache nicht nur der materiellen Monumentalität geschuldet war, sondern auch dem historischen Erbe des Ortes, eben besagten Vergangenheitsspuren. Aus diesem Grunde folgt nun zunächst eine Beleuchtung der Aspekte, die sich mit dem Ausdruck des *Erinnerungsortes* als Hürde oder zumindest Herausforderung für die theatrale Erschließung fassen lassen. „Pétrarque et Laure, la 'captivité de Babylone' des papes en Avignon, la grande peste en Vaucluse, Urbain V et Clément VII, les pontifes de Rome et ceux d'Avignon, quel entassement de passés, quelle pesanteur d'histoire!"[241] Diese Last kann laut Gall von der heutigen Stadt, in der ihm zufolge nur noch die Bauten und der Ruf bedeutender Epochen übrig geblieben sind, kaum mehr getragen werden. „Avignon, ville ceinte de ses murs et sainte par son passé pontifical, semble aujourd'hui étouffer sous le poids de son histoire, trop lourde pour elle, et suffoquer dans un espace soudain trop petit."[242] Überträgt man diesen Aspekt nun auf das Festival, ist bereits in Vilars frühesten Äußerungen eine vergleichbare Skepsis gegenüber dem Erbe dieses Ortes zu finden:

> Avignon, je veux dire le Palais des Papes, n'est pas, c'est l'évidence même, un théâtre. C'est un lieu historique dont les pierres nous parlent d'un passé et d'un passé très précis. C'est donc un lieu théâtral mais dans le plus mauvais sens du mot [...] parce que l'Histoire y est trop présente.[243]

---

des Festivals in Bezug zu setzen. Um die aktuelle Perspektive dennoch nicht aus den Augen zu verlieren, schließt sich daran abschließend die Betrachtung einer Inszenierung aus dem Jahre 2008 an, die kontrastierend und exemplarisch einen Einblick in eine moderne Annäherung an einen historischen Raum bieten soll.

240 Auf die Aufführungsästhetik Vilars im Speziellen, die sich ebenfalls eingängig mit Strategien der Raumeroberung und -bezwingung befasste, wird im folgenden Kapitel im Zuge der Analyse der Gründungsinszenierung des Festivals näher eingegangen.

241 Roy 1990, 38.

242 Gall 1990, 118. Diese Äußerung spiegelt das in Kapitel 3.2 zur Geschichte Avignons angesprochene Spannungsfeld der Stadt Avignon zwischen politischer und kultureller Bedeutsamkeit und Provinzialität.

243 Vilar 1966, 153.

Neben den gedanklichen, auf nicht-materiellen Begebenheiten basierenden Hürden und Grenzen, die der Ort dem Theater bot, bestanden gerade zu Beginn überdies auch rein technische Hindernisse als Folge der mittelalterlichen Bauweise und der funktionalen Umdeutung des Raumes.

> Quand on entre dans la cour, la cour à nu, c'est-à-dire sans ces tréteaux, sans ces travées que nous avons construits [...], on se trouve dans un lieu très informe:[...] non pas les murs (qui, certes, ont leur beauté), mais *le sol*. Je n'ai jamais vu, pour ma part, de sol aussi irrégulier, aussi rempli de mauvaises pierres trouant la terre, que la cour d'honneur du Palais des Papes. Je n'en connais pas qui soit plus incommode pour qui doit fixer des soubassements scéniques. Techniquement, et par le sol, c'est donc aussi un mauvais lieu théâtral.[244]

Paradoxerweise ging jedoch von Anfang an von diesem unbespielbaren und kaum zu bändigenden Innenhof inmitten der hohen Mauern des Palastes eine unabwendbare Faszination und zugleich eine einschüchternde Autorität aus. „Le Palais produit un effet d'autorité particulièrement saisissant pour les artistes aussi bien que pour les spectateurs. [...] La verticale du Mur, première et suprême provocation des lieux du Festival, rehausse et en même temps domine les spectacles [...].“[245] Um dem Effekt der Vorherrschaft etwas entgegensetzen zu können, war und ist eine Anpassung der theatralen Mittel und Sprache vonnöten, da - laut Pascaud - herkömmliche Ausstattungs- und Spielweisen der Kraft des Ortes nicht standhalten könnten und die Aufführung somit zur Farce verkäme.

> Or impossible, face aux murs du palais papal, dans la solennelle et impressionnante Cour d'honneur, de ne pas réinventer un nouveau vocabulaire théâtral. Impossible d'y mettre en scène, comme dans le cocon des salles parisiennes, ces huis-clos qui forcent à l'intimisme psychologique, ces coquilles d'œuf où le spectateur se sent protégé de tous les dangers. Avignon, c'est le choc du plein air, du plein vent, du murmure lointain de la ville, du cri des hirondelles tout autour; Avignon, c'est une parcelle du monde qui envahit soudain la scène, violente, capricieuse, irréductible. Une parcelle de chaos à apprivoiser, à dompter. Là-bas, la représentation doit être cosmique ou n'être pas; viser à l'essentiel ou sembler définitivement inutile.

---

244 Vilar 1966, 153.

245 Banu 1996, 37.

> Devant la grandeur et la présence bruissante de vie, d'Histoire et de fantômes de la Cour d'honneur, la machinerie traditionnelle apparaît brutalement étriquée et vaine. Et ridicules les vieux rideaux de scène, les jolis accessoires, les coquets effets de projecteur... Avignon exige d'emblée des mises en scène radicales et des metteurs en scène visionnaires [...].[246]

Aus einer Äußerung Faivre d'Arciers aus dem Jahr 1996 wird ersichtlich, dass der dem Cour d'Honneur und dessen spürbarer Vergangenheitspräsenz gezollte Respekt nicht auf die Gründungsphase des Festivals oder die Person Vilar beschränkt war.

> Il m'a donc fallu, et cela m'a pris du temps, apprivoiser ce grand dinosaure, pour atténuer ces anxiétés, mettre à distance cette présence immortelle. Je me suis surpris à lui parler comme à un animal, comme si cette caverne-labyrinthe mythologique abritait un fauve d'un autre âge, invisible et insatiable.[247]

Das Kräftemessen beginnt folglich bei jeder theatralen Annäherung an den Cour d'Honneur von Neuem, bei jeder Inszenierung muss der Raum eigens für das geplante Projekt erobert und das Gleichgewicht zwischen theatraler Aktion und der Präsenz des Ortes ausgelotet werden. Zu diesem Zwecke entstanden bislang unzählige Taktiken, um den Raum in einem gewissen Maße zu domestizieren. In diesen Kontext sind auch die umfassenden Renovierungsarbeiten am Cour d'Honneur 1982 und 2002 einzuordnen, die das Ziel verfolgten, den Eindruck scheinbarer Nähe zwischen Publikum und Bühne beziehungsweise Gesamtraum entstehen zu lassen. Diese sollte erzeugt werden, indem das Publikum - ähnlich der Anordnung des elisabethanischen Theaters - so nah wie möglich an die Bühne herangeholt wurde, um jeden Einzelnen direkt am Aufführungsgeschehen teilhaben zu lassen.[248] 2002 wurden zudem kleine Lautsprecher unter den Sitzen montiert, um auch auf akustischem Wege „un fort sentiment de proximité"[249] zu vermitteln. Diese Maßnahmen verfolgten vermutlich unter anderem das Ziel, den Beteiligten Schutz vor einem möglichen Gefühl des Verlorenseins angesichts der Monumentalität des Raumes zu bieten. Eine ähnliche Motivation schien neben der Schaffung neuer Zuschauerplätze auch den dabei entstandenen erweiterten Tribünen-

---

246 Pascaud 1996, 162f.

247 Faivre d'Arcier 1996, 16.

248 Siehe Loyer und de Baecque 2007, 373f.

249 Loyer und de Baecque 2007, 479.

aufbauten zu Grunde zu liegen, die drei der vier imposanten Hofmauern „verkleideten".

> Progressivement, les murs de la Cour ont été masqués; le dernier dispositif, en installent des galleries sur trois côtés, ne laisse véritablement à découvert que le mur Sud qui reste le seul élément qui subsiste du lieu concret et auquel les spectateurs font face.[250]

Im Zuge der Schilderungen aller Schutzmaßnahmen gegen die Übermacht des Raumes in seiner baulichen und symbolischen Dimension darf nicht vergessen werden, dass die dem Ort anhaftenden Spuren vergangener Zeiten und seine baulichen Begebenheiten seitens des Festivals stets auch als große Chance wahrgenommen wurden. Bereits Vilars frühen Einschätzungen ist zu entnehmen, dass er diesem „lieu informe"[251] zugleich das Potenzial zusprach, dass sich hier „höhere Dinge" ereignen können. 1947 äußerte er sich dazu folgendermaßen: „quand je me suis trouvé dans cette cour d'honneur [...] j'ai eu l'impression que certaines choses privilégiées pouvaient se passer là."[252] Diesen Eindruck teilten in den ersten Jahren sowie im weiteren Verlauf der Festivaletablierung zahlreiche Zuschauer und Rezensenten, die vielen der im strengen und schnörkellosen Papstpalast stattfindenden Aufführungen einen quasi mystischen Mehrwert zusprachen.

> Les spectateurs sont enserrés dans un volume qui les contraint, au pied d'un mur, dont l'absence de véritable ornement, à l'exception de la fenêtre de l'Indulgence sur la droite, renforce la puissance. Celle-ci est accentuée par la hauteur du plateau qui fait disparaître les arcs des portes et les croisées du bas. La verticalité est double: physique avec le mur qui surplombe la scène, et plus abstraite, issue du volume de la Cour qui ouvre sur l'immensité du ciel. Elle est progressivement accentué au fur et à mesure de la tombée de la nuit, par les éclairages (et les faisceaux verticaux) qui organisent l'espace de la Cour et focalisent l'attention sur le plateau.[253]

Die Verknüpfung zwischen der Vergangenheitsträchtigkeit des Ortes und dem Spiel unter freiem Himmel, wodurch eine Abkopplung vom

---

250 Proust 1996, 283.

251 Vilar 1966, 153.

252 Vilar 1966, 153.

253 Proust 1996, 282.

städtischen Treiben und eine Nähe zur Natur erzeugt wird, scheint hierbei ein wichtiger Faktor zu sein. Der durch bauliche Begebenheiten entstehende Kontrast zwischen dem Außenbereich, verbunden mit dem täglichen Alltagsgeschehen, und dem Innenbereich, bestehend aus dem mittelalterlichen Ehrenhof, wird seitens des Festivals und seiner Besucher aufgegriffen und bewusst forciert. Verdeutlichen lässt sich dies unter anderem anhand der Zelebrierung dieses Gegensatzes bei der feierlichen Annäherung an den von Boissien als „heiligen Ort"[254] betitelten Papstpalast. Diese erinnert - besonders in den Anfangsjahren, in welchen die übrige Stadt noch nicht den heutigen Grad an Belebtheit aufwies - an eine Pilgerprozession, betrachtet man „les pèlerins monter vers le lieu saint".[255] Durch die feierliche Haltung, die durch diese Form der Annäherung erzeugt wird, verstärkt sich die anschließende Konzentration auf den archaischen Ort, der den Besucher erwartet, und gleichzeitig auch die Spannung auf die bevorstehende Aufführung. „Au moment des spectacles, à la tombée de la nuit, on passe [...] d'un espace large et illuminé (devant le palais) à un espace restreint et plus sombre (le porche) pour déboucher dans la Cour elle même, cœur symbolique de ce lieu du pouvoir."[256] Das Festival nutzt somit die Renommiertheit und historische Dichte des Papstpalastes, indem es das symbolische Stadtzentrum zum symbolischen Festivalzentrum, zu einem „condensé du Festival"[257] macht. Der hier beschriebene Vorgang ist laut Carlson in ähnlicher Ausprägung bei zahlreichen Theaterformen zu beobachten: „Through history, as publics have assembled for theatrical events, they have assembled in spaces already familiar to them in other contexts [...]."[258] An anderer Stelle schreibt er weiterführend „theatre could use to its own advantage the already existing connotations of other spaces both in themselves and in their placement within the city, and this was in fact consistently done."[259] Doch auch in diesem Zusammenhang ist nicht der Fehler zu begehen, von einem einseitigen Prozess auszugehen, bei dem sich das Festival ausschließlich rezipierend bestehende Begeben-

254 Siehe Boissien 1995, 19.

255 Boissien 1995, 19. Diese Form der Pilgerschaft erinnert an die Wagnerfestspiele in Bayreuth, deren Publikum vor Beginn der Aufführungen in ebenfalls ritualhafter Weise den sogenannten grünen Hügel besteigen muss.

256 Proust 1996, 282.

257 Banu 1996, 41.

258 Carlson 2003, 133.

259 Carlson 1989, 14.

heiten zu eigen macht. In gleichem Maße wirkt das Festival durch seine Nutzung des Papstpalastes auf dessen Bedeutungsebene zurück. Konnte man an der baulichen Struktur und dessen Verwendungsweise Veränderungen und Schwerpunktsetzungen der jeweiligen Gesellschaft und der herrschenden Päpste ablesen[260], so fungierte und fungiert der Palais des Papes auch in Zeiten des Festivals als eine Art Mikrokosmos, an dem Entwicklungen und Umbrüche sichtbar gemacht werden können. Als Beispiel für eine solche Entwicklung im gesellschaftlichen Bereich, die mit der Nutzung und Bedeutungszuschreibung von Orten durch das Festival in Beziehung zu setzen ist, kann der Prozess der Gemeinschafts- und Identitätsbildung angeführt werden [Abb.3]. Maurice Halbwachs befasst sich aus soziologischer Sicht eingehend mit der Frage nach Gedächtnis und Geschichte.[261] Der in seinen Modellen verwendete und entwickelte Begriff eines kollektiven Gedächtnisses, der, so Marx, mit der Grundannahme eines „Individuum[s] als Produkt sozialer Strukturen“[262] operiert, leitete einen Umdenkungsprozess innerhalb des Gedächtnisdiskurses ein. Ein zentrales Element des Halbwachs'schen Modells stellt nach Assmanns Einschätzung die These dar, „gemeinsame Erinnerungen [würden] als wichtigstes Mittel der Kohäsion“[263] fungieren. Überträgt man diesen

---

260 „Der relativ gut erhaltene und gut zu untersuchende Papstpalast in Avignon teilt uns in der Tat einiges über seine Entstehungsbedingungen mit, über Hoforganisation, Pracht und Repräsentationsabsicht, in deren Kontext die historischen Quellen wie Bestätigungen aussehen. Mithin ist der Papstpalast in Avignon eine unserer besten Quellen, gibt er doch nicht nur einfache bauliche und sogar gesellschaftliche Strukturen - wie etwa die Hierarchisierung höfischer Elemente, Personen oder Strukturen durch architektonische Vorgaben - wieder. Er konkretisiert auch in mehreren Etappen dieses Bild immer stärker. [...] Somit kann die Architektur als Reflex gesellschaftlicher Beziehungen verstanden werden.“ (Kerscher 2000, 20.)

261 Eine deutliche Parallele zwischen den Ausführungen Halbwachs' und Noras besteht in der Annahme, Erinnerungen bestünden nicht in der detaillierten Aufzählung von Fakten und Ereignissen, sondern in einem aus gegenwärtiger Sicht (re-)konstruierenden Prozess. „Der Grund ihres Wiedererscheinens [das der einstigen Ereignisse] liegt nicht in ihnen selber, sondern in ihrer Beziehung zu unseren heutigen Vorstellungen und Wahrnehmungen [...].“ (Halbwachs 1985, 197.) In diesem Zusammenhang wird aus der Vielzahl von Halbwachs' Ausführungen jedoch nur der Aspekt der Gemeinschaftsbildung herausgegriffen. Zur Beschäftigung mit weiterführenden Thesen siehe Halbwachs 1985 und Halbwachs 2006.

262 Marx 2003, 147.

263 Assmann 1999, 131.

Gedanken der kollektiven Erinnerung als Weg zur Gemeinschaftsbildung nun auf den Fall Avignon, liegt die Vermutung nahe, das Festival nutze diesen Effekt bewusst zur Eroberung des Publikums. Die Identifizierung mit dem Papstpalast als symbolischem Stadtzentrum in Verbindung mit dem kollektiv erlebten Theaterereignis soll somit einheitsstiftend wirken und die Zuschauer zu einer Festivalgemeinschaft zusammenführen. Assmann äußert im Rückbezug auf Halbwachs: „Die Träger dieses Kollektivgedächtnisses brauchen sich gar nicht zu kennen, um dennoch eine gemeinsame Identität für sich in Anspruch zu nehmen."[264] Die spezifische räumliche Disposition des Cour d'Honneur ohne Ränge und Logen begünstigte durch die demokratische Sitzanordnung die Erzeugung eines Gemeinschaftsgefühls sowie den Abbau sozialer Klassenunterscheidung, den Vilar mit seinem Konzept des populären Theaters anstrebte. Shewring äußert sich dazu folgendermaßen:

> He [Vilar] had always disliked what he saw as the socially divisive structure inherent in the architecture of traditional playhouses in capital cities. His dream of a popular theatre was of excellent performances open to everyone. The festival atmosphere in Avignon went some way towards making the dream a reality.[265]

Durch die dadurch entstehende Offenheit und zugleich Verbundenheit wird es dem Einzelnen zudem erleichtert, sich Zugang zu den im Raum gespeicherten Gedächtnisfragmenten zu verschaffen. Dies bestätigt Assmann, die sich im Rückbezug auf Nora folgendermaßen äußert: „Über die gemeinsamen Symbole [einer Gesellschaft] hat der einzelne teil an einem gemeinsamen Gedächtnis und einer gemeinsamen Identität."[266] Mittels Kommunikation werde das individuelle Gedächtnis außer durch eigene Erfahrungen stets auch „durch die Erfahrungen anderer unterfüttert und von ihnen durchwirkt, weil es im kommunikativen Austausch aufgebaut wird und deshalb auf Anschlussstellen und Bestätigung angewiesen ist."[267] In der Konzeption Vilars findet sich, vermutlich nicht zuletzt darauf basierend, eine feste Verankerung des Aspektes der Kommunikation.[268] Auf diese Weise prägt das Festival durch die Theatralisierung des Cour d'Honneur

---

264 Assmann 1999, 132.

265 Shewring 1996, 158.

266 Assmann 1999, 132.

267 Assmann 2006, 59.

268 Siehe Baecque 2006, 38f.

nicht nur den Zugang des Zuschauers zu den im Raum verborgenen Gedächtnisspuren, sondern durch die Aktivierung eines kollektiven Gedächtnisses auch das Verhältnis der Zuschauer untereinander.

Man kann daher abschließend von einer Eroberung des historischen Raumes und der Erinnerung des Zuschauers sowie einer Gemeinschaftsbildung durch theatrale Raumdisposition sprechen.[269]

4.1.4 Die Gründungsinszenierung des Festivals: Shakespeares *Richard II*, Regie: Jean Vilar 1947

Am 4. September 1947 betraten zum ersten Mal Schauspieler vor einem Publikum den großen Ehrenhof des Papstpalastes. Mit *Richard II*[270] von Shakespeare wurde der Beginn einer inzwischen über 50-jährigen Festivalgeschichte eingeläutet.

Das gewählte Drama war außerhalb seines Herkunftslandes England bis zu diesem Zeitpunkt, zwei Jahre nach dem Zweiten Weltkrieg, nicht inszeniert worden. In der Nachkriegszeit wurde das Stück jedoch etwa zeitgleich mit der französischen Uraufführung durch Vilar anlässlich der Eröffnung der *Semaine d'Art*, dem avignonesischen Festivalvorläufer, nach und nach in verschiedenen Ländern Europas in die Spielpläne aufgenommen.[271] Shewring benennt als mögliche Begründung für diese europäische Aufführungswelle des Stückes *Richard II* eine allgemeine Prioritätenverschiebung im „theatrical taste"[272] und die Suche nach einer neuen Theaterform vor einem erweiterten Publikum. „In a quest to revitalise theatre and to reach as wide an audience as possible, directors have looked to successful popular theatres from the past as models to challenge stale conventions."[273] Eines dieser Vorbilder stellte für Vilar das elisabethanische Theater dar, wie bereits im letzten Kapitel im Kontext der Entstehung eines

---

269 Siehe Proust 1996, 283.

270 Jean Vilar selbst verkörperte die Rolle *Richard II*, was ihm den Beinamen „roi Vilar" (Pascaud 1996, 170.) einbrachte. Diese Bezeichnung passt gut in die Terminologie der Stadteroberung. Nach der Erstaufführung im Zeitraum vom 04. bis 11. September 1947 wurde die Inszenierung in den Folgejahren mehrfach wieder aufgenommen und war in Avignon erneut 1949, 1952 und 1953 sowie in Paris 1947 und 1953 zu sehen.

271 Beispiele hierfür siehe Shewring 1996, 154f.

272 Shewring 1996, 156.

273 Shewring 1996, 156.

kollektiven Gedächtnisses angesprochen. Wie dort bereits anklang, ging die Anlehnung Vilars an diesen Theatertypus weit über die Textebene hinaus. Sie bezog sich vor allem auf die Art der Inszenierung und der Gruppenstruktur innerhalb der Schauspielkompanie, die sich durch ein „sharing collective working together over a number of seasons"[274] auszeichnete. Diese Arbeitsweise und Theaterauffassung passte sich nahtlos in Vilars Vorstellung bezüglich der Erschaffung eines populären Theaters ein. Es zeigt sich somit, dass der Gedanke, anhand theatraler Raumeroberung auch einen gemeinschaftsbildenden Effekt zu erzielen, sich nicht nur auf das Publikum, sondern auch auf Mitarbeiter und Schauspieler übertragen lässt.

Richtet man seinen Blick nun auf die Raumannäherung Vilars auf Inszenierungsebene, so fällt auf, dass sich dessen Herangehensweise an den Dramenstoff *Richard II* deutlich von der vieler anderer Zeitgenossen unterschied. Verlegten diese häufig den mittelalterlichen Kontext in aktuellere und modernere Umgebungen und Problemstellung, „to free *Richard II* from the specificity of its historical setting"[275], fand in Avignon dagegen eine Unterstreichung der mittelalterlichen Fabel durch die Wahl mittelalterlicher Gemäuer statt. Auf diese Weise erzielte Vilar eine neue Form der Annäherung der Bevölkerung an den vertraut geglaubten historischen Ort.

> Les conversations que j'ai eues sur place avec des gens du pays, […] m'ont confirmé dans cette opinion: ceux qui désiraient assister à la représentation de Richard II [...], n'y allaient pas pour Shakespeare, ou pour les interprètes, mais bien pour voir revivre parmi les personnages du passé, dans leur costume et leur comportement, ce palais familier et pourtant lourd de secrets.[276]

Daran anschließend ließe sich die Vermutung aufstellen, dass es sich bei Vilars Gründungsinszenierung lediglich um eine möglichst authentische, historische Aufführung in einem angemessenen Rahmen handelte. Dass diese Deutungsweise jedoch zu kurz greift, soll eine genauere Analyse seiner ästhetischen Raumannäherungs-, Aneignungs- und Eroberungsstrategien zeigen.

Für Jean Vilar war die Wahl und das In-Szene-Setzen eines Raumes nicht nur Mittel zum Zweck, sondern gehörte, wie Ballé bestätigt, zu

---

274 Shewring 1996, 157.

275 Shewring 1996, 155.

276 Dornes 1947, 1.

seinen zentralsten Arbeitsschritten. „La mise en scène est d'abord une mise en lieu."[277] Diese Aussage legt die Vermutung nahe, dass jener Prozess im Falle des Ehrenhofes besonderer Aufmerksamkeit bedurfte. Bestätigt wird dies durch die Schilderungen Maurice Coussonneaus, eines Mitarbeiters Vilars, der die erste Raumbegehung folgendermaßen beschreibt:

> Longtemps nous sommes restés côte à côte, immobiles et muets, attendant que le lieu nous acceptât. Puis Vilar a dit quelques mots, à voix basse d'abord, mieux timbrés ensuite, et j'ai senti que la mesure était prise. Les hautes murailles, devenues familières, entraient dans le jeu.[278]

Jedoch war das „Verhältnis" zwischen Jean Vilar und dem Papstpalast fortan nicht, wie in diesem Zitat impliziert, als rein „freundschaftlich" und einvernehmlich zu bezeichnen, vielmehr blieb es von starker Ambivalenz gekennzeichnet: „La scène de *Richard*, sise dans la Cour, est l'objet de toutes les attentions et de toutes les angoisses."[279] Die als Reaktion auf dieses ambivalente Verhältnis entwickelten Strategien zur Nutzung und Eingrenzung räumlicher Vergangenheitspräsenz, die auf theoretischer Basis bereits im vorherigen Kapitel erarbeitet wurden, finden nun im Falle der konkreten Inszenierungsbetrachtung ihre Anwendung. Die Analyse erfolgt, indem die in diesem Zusammenhang besonders relevant erscheinenden Aspekte Bühnenbild und -dekor sowie Beleuchtung herausgegriffen werden.[280]

Vilar entwarf anlässlich seiner ersten Inszenierung im Cour d'Honneur ein Bühnenplateau mit einem vorgelagerten Steg, wodurch die Hälfte des Ehrenhofes ausgefüllt war.[281] Diese raumgreifende Konstruktion verdrängte einen beachtlichen Teil des weitläufigen Innenhofes, sodass dessen Monumentalität ein wenig eingedämmt wurde. Jedoch wurde dem Raum nicht, beispielsweise durch aufwendige Bühnenbilder oder eine Vielzahl an Requisiten, die Archaik genommen, die ihm in seiner Massivität zu eigen ist. Im Gegenteil: Vilar

---

277 Ballé 1984, 148.

278 Coussonneau, zitiert nach Roy 1990, 40.

279 Loyer und de Baecque 2007, 38.

280 Eine umfassende Inszenierungsanalyse ist im Rahmen dieser Arbeit sowohl bei diesem wie auch den anderen Anschauungsbeispielen weder möglich noch sinnvoll. Vielmehr soll der Raum und dessen Verwendung und Aneignung im Mittelpunkt stehen. Analysiert werden daher ausschließlich einige Charakteristika, die diesem Zwecke dienlich erscheinen.

281 Siehe Loyer und de Baecque 2007, 38f.

setzte bei *Richard II* sowie in den Folgeinszenierungen im Cour d'Honneur auf ausdrückliche Schlichtheit und Reduktion im Dekor [Abb.4.]. Als Hintergrund für diese ästhetische Entscheidung nennt Whitton das Ziel der Konzentration auf das Wesentliche, in diesem Fall auf das Bühnengeschehen, und den dadurch ermöglichten unmittelbaren Kontakt zwischen Zuschauern und Bühne: „[...] the dark walls forming an enclosure, the night sky above, which helped to induce a comfortable sense of unity in the audience [and] enhanced the occasion without taking attention away from the play."[282] Jegliche Ablenkung durch überschüssige Ausstattung hätte diese angestrebte Klarheit und Einheit durchkreuzt, wie auch Shewring bestätigt: „Nothing was allowed to intervene between the audience and the script. So, as on the Elizabethan stage, scenic devices were kept to a minimum. Continuity between scenes was uninterrupted as only a few properties were used."[283]

Zu den wenigen dennoch verwendeten Requisiten gehörten einige bunte, an Masten flatternde Banner und ein Renaissancesessel, der König Richard als Thron diente.[284] Schlichtheit und Minimalismus wurden lediglich durch die von Gischia entworfenen Kostüme durchbrochen, die in bunten, leuchtenden Farben erstrahlten. Darin lag allerdings nach Vilars Auffassung kein Bruch, da diese aufmerksamkeitslenkend und -bündelnd wirkten und die klare farbliche Zuordnung der Figuren dem Publikum zu einem besseren Verständnis der Fabel verhalf.[285] Auch Whitton sah in der Farbwahl der Kostüme einen Weg „to seduce the eye, to differentiate the characters from a distance and also, in a simple emblematic way, to define the characters."[286]

Ein weiteres Mittel zur Lenkung des Zuschauerauges war der Einsatz von Beleuchtung, die auf das Bühnenplateau konzentriert war, anstatt

282 Whitton 1987, 226.

283 Shewring 1996, 158f.

284 Siehe Shewring 1996, 159.

285 Figuren, beziehungsweise Figurenkonstellationen, wurden deutlich durch unterschiedlich farbige Kostüme gekennzeichnet und waren somit, auch von Ferne, leicht voneinander zu unterscheiden. Das Königspaar beispielsweise war in einheitlichem Rot mit goldumrandeten blauen Umhängen gekleidet. Siehe hierzu Shewring 1996, 159. Zudem fügt sich dieses Mittel nahtlos in die häufig formulierte Anlehnung Vilars an das Elisabethanische Theater ein, in dessen Bühnenästhetik der Einsatz leuchtend farbiger Kostüme fest verankert war.

286 Whitton 1987, 227.

das Mauerwerk des Innenhofes zu erleuchten. „Eight simple spotlights were used to focus audience attention on the action, rather than on the imposing stonework and archways of the historic building."[287] Diese Form des Lichteinsatzes entpuppt sich eindeutig als Strategie zur Eindämmung der Übermacht des Raumes. Die grellen, auf das Bühnengeschehen gerichteten Scheinwerfer verursachten ein optisches Zurücktreten der Fassade, bis hin zu deren annäherndem Verschwinden in der Dunkelheit. [Abb. 4.] Es blieb somit lediglich ein schattenartiger Umriss des Papstpalastes bestehen. Als Begründung dafür nennt Shewring: „The striking location offered by the Gothic façade of the palace was not allowed [...] to dominate the performance."[288]

Die genannten Konzepte und Strategien lassen sich zusammenfassend mit den Schlagworten Konzentration und Gemeinschaftsbildung beschreiben. Unter dem Gesichtspunkt der Eroberung historischer Räume besagt dies, dass Vilar bei *Richard II* die Gratwanderung auf sich nahm, einerseits den Ort in seiner Größe und Monumentalität zu nutzen - um eine große, breitgefächerte Menschenmenge unterzubringen und daraus ein Forum der Gemeinschaft und Zusammenkunft zu schaffen - und diesen andererseits insoweit in den Hintergrund zu rücken, dass die Fokussierung auf das Bühnengeschehen erhalten blieb. Latent scheint jedoch hinter allen konzeptionellen Überlegungen die Einsicht durch, dass in Anbetracht einer solchen Kulisse - auch bei bestem Willen - ein adäquates Bühnenbild zu erstellen eine kaum zu meisternde Aufgabe dargestellt hätte.[289] „À Avignon, tout décor est impossible en présence des murs énormes de la Cour d'Honneur, qui découragent toute tentative d' 'habiller' un lieu aussi impressionnant."[290] Diese Erkenntnis zeigt, dass von einer geradlinigen Eroberung des Cour d'Honneur nicht die Rede sein kann, da der Raum klare Regeln für dessen Bespielung vorgab, wie auch der Bühnenbildner Gischia bestätigt: „Pas de décor pour *Richard II*. Les murs suffisent. La masse à peine visible mais toujours présente du Palais ne pardonnerait aucune tricherie, aucune facilité."[291] Der Raum wurde demzufolge als eine Art „Geschäftspartner" angesehen, der sich nur auf bestimmte Konditionen einzulassen bereit war. Neben der Beachtung

---

287 Shewring 1996, 158.

288 Shewring 1996, 158.

289 Hierbei wird erneut das in Kapitel 4.1.3 aufgezeigte Spannungsfeld zwischen Bewunderung und Angst vor der Übermacht des Raumes sichtbar.

290 Loyer und de Baecque 2007, 114.

291 Roy 1990, 40.

dieser Vorgaben war das Team um Vilar stets darum bemüht, „à ne pas rompre avec l'atmosphère de la Cour et à ne pas effacer par des travées trop élevées la hauteur admirable des murs. "[292]

Man kann somit, was Vilars Raumerschließung im Falle *Richard II* angeht, nicht von einer Eroberung durch rücksichtsloses Aufdrängen eigener Nutzungsabsichten und Methoden sprechen. Es handelt sich vielmehr um den Versuch, die Eigenheiten und Vorprägungen des Ortes - von Carlson als „ghosting"[293] bezeichnet - aufzugreifen und in seine Arbeit zu integrieren. Eine Überlegung Freddie Rokems besagt, dass bei der Nutzung eines historischen Ortes zur Inszenierung eines historischen Stoffes, wie dies bei *Richard II* der Fall war, „the repressed ghostly figures and events from that (‚real') historical past can (re)appear on the stage in theatrical performances."[294] Folgt man diesem Gedanken und schlägt erneut den Bogen zu Nora, so dient die Erzeugung einer solchen zeitlichen Kongruenz[295] der Verbildlichung und Veranschaulichung von Vergangenheitsspuren, die auf diese Weise gewissermaßen eine Verkörperung erfahren. Unter anderem dieser Brückenschlag könnte für das von Beigbeder beschriebene Vertrautheitsgefühl zuständig gewesen sein, das sich beim Publikum trotz der zeitlichen Distanz zum Entstehungszeitpunkt des Dramas einstellte: „Le drame de Shakespeare est vieux, il est long. Eh bien, deux mille spectateurs avignonnais, ou avignonnais d'adaptation, ont manifesté par leurs applaudissements qu'ils le sentaient toujours aussi neuf et émouvant."[296] Lerrant, welcher der Gründungsinszenierung als Rezensent beigewohnt hatte, fasste die Aufführungsatmosphäre aus seiner Sicht wie folgt in Worte:

> En septembre 1947, j'avais rendez-vous avec Richard II, monarque d'un royaume de simples tréteaux supportés par des bidons cylindriques. Derrière, obscur, dérobé mais présent, le palais gothique avec la fenêtre ajourée de l'Indulgence. J'ai toujours aimé depuis cet escamotage inachevé des pierres

---

292 Loyer und de Baecque 2007, 101.

293 Carlson 2003, 7.

294 Rokem 2000, 6.

295 In diesem Falle ist die zeitliche Übereinstimmung der Entstehungszeit des Bauwerks und der historischen Verortung des Dramenstoffes von besonders großer Exaktheit, da König Richard der Zweite im gleichen Jahr zum König gekrönt wurde, in dem die Päpste Avignon verließen. Siehe Kenp 1947, 3.

296 Beigbeder 1947, 1.

> monumentales qui crée un espace gigogne, la fable théâtrale s'emboîtant dans l'histoire des siècles, perceptible mais sans domination.[297]

Aus diesem Erlebnisbericht lässt sich herauslesen, dass das Gemäuer des Palastes während der Inszenierung zwar optisch annähernd im Dunkel verschwand, jedoch im Bewusstsein der Zuschauer dennoch präsent blieb, sodass der Raumeindruck einschließlich seiner zahlreichen „Obertöne", die man je nach Begrifflichkeit auch Atmosphäre oder Gedächtnisspur nennen könnte, unweigerlich in den Rezeptionsvorgang mit einfloss. „Ce qui est valorisé, ce ne sont pas les qualités physiques et esthétiques du monument, dont beaucoup soulignent pourtant l'importance, mais un espace abstrait [...]."[298] Dieser abstrakte Ort bot im Falle *Richard II* Raum für zahlreiche Assoziationen, sowohl im inszenierungsimmanenten Bereich, als auch weit darüber hinaus. Auf der Ebene der Inszenierung lässt sich sagen, dass die Eindämmung der übermäßigen Präsenz des historischen Raumes mit Hilfe von Beleuchtung die Möglichkeit zur Erschaffung imaginärer Räume in den Köpfen der Zuschauer eröffnete. Loyer und de Baecque verdeutlichen dies exemplarisch an der Gefängnisszene am Ende des Stückes:

> Un des effets d'éclairage les plus saisissants est celui de la prison de *Richard II*, où le roi déchu se morfond à la fin de la pièce; la prison est recréée par un simple jeu de faisceaux lumineux représentant les barreaux des grilles. Avec une grande économie de moyens, l'impression de solitude et de désœuvrement tragique est à son apogée. C'est donc un lieu imaginaire très souple que sculpte la lumière de Savaron, fait de suggestions, d'allusions, qui laisse toute sa liberté à l'imagination du spectateur.[299]

Es lässt sich daran anschließend die Überlegung anstellen, ob durch den von der Inszenierung bereitgestellten Assoziationsfreiraum eine Anknüpfung an genannte Vergangenheitsspuren ermöglicht wurde. Als Schlüssel dient dabei erneut das Phänomen der Atmosphäre. Durch die Schaffung genannter Freiräume innerhalb der Inszenierung wurde es dem Einzelnen möglich gemacht, mittels der eigenen leiblichen Anwesenheit an dem historischen Ort, des gemeinschaftsstiftenden Kollektivs der Zuschauer und – in Anlehnung an die Ausführun-

---

297 Lerrant 1996, 63.

298 Proust 1996, 284.

299 Loyer und de Baecque 2007, 114.

gen Carlsons und Rokems - der Belebung des Geistes der Vergangenheit durch das Theaterereignis die entstehende Atmosphäre als Schnittstelle zu den im Raum gespeicherten Gedächtnisspuren zu nutzen.

Zusammenfassend lässt sich sagen, dass dem Raumkonzept Vilars bei *Richard II* das stete Kräftemessen mit der Imposanz des Cour d'Honneur - in materieller und symbolischer Hinsicht - deutlich anzumerken war. Durch den Lichteinsatz verbannte er den Raum aus dem Blickfeld der Zuschauer, hob diesen jedoch zugleich durch den Minimalismus im Bühnenaufbau hervor, sodass das Mauerwerk unverkleidet als Kulisse diente. Er erzielte eine Konzentration auf das Bühnengeschehen und gab dem Zuschauer dennoch den Raum, sich assoziativ den Ort in seiner atmosphärischen Dichte und Erinnerungsbeladenheit zu erschließen. Der Ausdruck „die Eroberung des historischen Raumes" kann somit in seiner Doppeldeutigkeit wörtlich genommen werden, da sowohl Vilar den Papstpalast für sich und sein Publikum eroberte, als auch der Raum selbst als Eroberer des Theaterereignisses fungierte. Die Besonderheit der Inszenierung liegt nun gerade darin, dass beide Aspekte zeitgleich, sich überlagernd und stets changierend vorhanden sind, ohne dass einer der beiden letztendlich überwiegt.

4.1.5 Eine aktuelle Annäherung an einen historischen Raum: *La Mélancolie des Dragons*, Regie Philippe Quesne 2008

Als Kontrast - schon allein die Entstehungszeit betreffend - zur eben besprochenen Gründungsinszenierung, wird der Blick im Folgenden auf eine aktuelle Annäherung an einen der historischen Spielorte Avignons gelenkt. Es handelt sich hierbei um *La Mélancolie des dragons*, eine Produktion des *Studio Vivarium Paris* aus dem Jahr 2008. Am 18. Juli feierte dieses Stück seine avignonesische Premiere im Innenhof des Cloître des Célestins.

Im Unterschied zu der bereits behandelten Inszenierung, die auf einer klassischen Vorlage basiert, handelt es sich hier um eine Mischform zwischen Improvisation, Installation und Performance. Der stark raumbezogene Ansatz, der in diesem Fall gewählt wird, ist unter anderem der Tatsache geschuldet, dass der Regisseur Philippe Quesne zunächst hauptsächlich als Szenograph arbeitete. Seine Stücke sind insofern miteinander verknüpft, als häufig am Ende einer Aufführung der Beginn der nächsten Produktion gezeigt wird. Dieser Vorgang ist Teil von Quesnes Arbeitskonzept, was sich auch in der stets gleichbleibenden Besetzung und der collagenartigen Wiederverwendung eines Großteils der Bühnen- und Dekorationselemente niederschlägt. „Mes pièces se construisent les unes à partir des autres."[300] Die Idee, die sich hinter dieser Vorgehensweise verbirgt, lässt sich auf die Bespielung eines historischen Raumes in Avignon übertragen, da hier ebenfalls - kommt man auf die Ausführungen Noras zurück - Bestehendes unter der Anwendung neuer Konnotationen verwendet wird. Quesne scheint auf diese Weise bewusst das „ghosting"[301] des Raumes sowie eigener vergangener Produktionen zu nutzen. An jedem Ort werden die Stücke der Künstlergruppe daher neu ausgerichtet und an die speziellen Gegebenheiten, die zuvor eingehend begutachtet werden, angepasst.[302] Als wichtige Inspirationsquelle während der Proben dient zudem der Einsatz von Musik, die häufig nahezu vollständig jegliche sprachliche Regieanweisung ersetzt.[303] Durch die Wahl des Titels liegt jedoch ein bestimmtes, durch den Regisseur eingegrenztes Assoziationsfeld zu Grunde, das sozusagen als Material für die Probenarbeit zur Verfügung steht. Im Falle der Produktion von *La Mélancolie des dragons* fasst Quesne diese Vorgehensweise folgendermaßen zusammen.

> Je pars toujours d'un titre qui ouvre un champ d'étude et de recherche et je travaille par associations d'idées. La mélancolie, c'est autant l'état de création du poète que l'état d'impuissance de l'individu face au monde. Comme le montre la gravure de Goya *Le Rêve de la raison produit des monstres*, la pensée mélancolique peut engendrer des êtres surnaturels [...]. Et le dragon est la créature des mondes fantastiques, il accompagne

300 Gateau 2008, 99. Diese Idee der stetigen collagenartigen Wiederverwendung bereits bestehenden Materials ist verwandt mit diversen postmodernen Strömungen und Arbeitsweisen.

301 Carlson 2003, 7.

302 Die Gruppe, die sich häufig mit ihren Produktionen auf Tournee begibt, bezieht teilweise, wie zum Beispiel bei *L'Effet de Serge* von 2007, Bewohner der jeweiligen Stadt mit in das Bühnengeschehen ein. Dadurch wird sichtbar, dass auch auf menschlicher, personeller Ebene, ein enger Kontakt zu dem konkreten Ort angestrebt wird, anstelle der reinen Übertragung eines fertigen Stückes.

303 Bei den Vorarbeiten zu *La Mélancolie des Dragons* wurden mittelalterliche Musik und Hardrock eingesetzt. Siehe Gateau 2008, 100.Weitere Inspirationsquellen für die Entstehung dieser Produktion waren eine Reise nach Island sowie „des repérages dans un dépôt de mobil-homes en banlieue." (Anonymus 2008a, 1.)

l'homme dans toutes ses aventures et ses quêtes [...]. Aujoud'hui, on ne croit plus au merveilleux, mais on peut encore croire à la capacité de l'homme à se réunir pour une cause commune. En fait, la mélancolie serait un état de protection face au désenchantement du monde. Et ce rapport au désenchantement me conduit à mettre en jeu ce qu'est aujourd'hui un projet de parc d'attractions: que signifie la construction d'un lieu où l'on permet à l'individu de vivre un temps dans un monde d'illusions pour oublier le réel?[304]

Das hier verwendete Bild des geschützten Raumes, in dem man für eine gewisse Zeit abseits der Realität leben kann, lässt sich auch auf die Wahl des Ortes und das damit verbundene Spiel mit verschiedenen Zeitebenen während der Inszenierung übertragen. Bereits die zeitliche Entrücktheit sowie die Abgeschlossenheit des Ortes nach außen - die auch der Bedeutung des Wortes Kloster, abgeleitet von lateinisch *claustrum* für „geschlossener Ort" immanent ist - erzeugt eine deutliche Trennungslinie zwischen Alltag und Theatererlebnis. Nur der gewissermaßen zeitlose Himmel ist als eine Art verbindendes Element über den Klostermauern zu sehen.

Eine Verschiebung der Zeitachse findet bereits statt, sobald man sich bei Betreten des Klosterhofes in einer mit Kunstschnee ausgekleideten Umgebung wiederfindet, welcher sogar die in der Mitte des Hofes stehenden Platanen und die umliegenden Dächer bedeckt: „Avignon dans une boule à neige. Ça tient du miracle."[305] Diese winterliche Kulisse kollidiert drastisch mit dem sommerlichen Provenceabend, der die Zuschauer noch vor Eintritt in das Klosterinnere umgeben hat [Abb.6].

Während der Aufführung selbst setzt sich das Spiel mit der Zeit durch extreme Phasen der Zeitausdehnung bis hin zu annähernder Ereignislosigkeit fort. „L'équipe du Vivarium Studio adore 'tout ce qui rate', et surtout les gens qui s'ennuient. Elle passe beaucoup de temps sur scène à attendre et 'ça fait répétition'."[306] Exemplarisch hierfür kann die Anfangssequenz angeführt werden. Zu sehen ist ein inmitten des Schnees stehender weißer Kleinwagen, der zentral auf der Bühne des Klosterhofes steht. Darüber hinaus bildet lediglich noch ein Anhänger, der sich leicht versetzt links hinter dem Auto befindet, den

---

304 Gateau 2008, 99.

305 Sirach 2008, 1.

306 Anonymus 2008b, 1.

übrigen Kulissenaufbau. In dem Kleinwagen sitzen vier Männer mit langen Haaren, trinken Bier und unterhalten sich, was jedoch durch laute Musik aus dem Autoradio übertönt wird. Im Kofferraum befindet sich ein Hund.[307] Auf diese Weise verstreicht die erste Viertelstunde der Aufführung, ohne dass eine weitere Aktion hinzukommt. „Vous attendez, vous vous pincez pour y croire: enfin, il ne se passe rien!"[308] Das Publikum bleibt somit einerseits im Unklaren, ob sich an diesem Zustand im Laufe des Abends noch etwas verändern wird, und wird zudem vorläufig unkommentiert mit der Umgebung, in der es sich momentan befindet, allein gelassen. Dadurch entsteht Raum, um den historischen Ort als solchen und in seiner neuen Verwendungsweise wahrzunehmen und auf sich wirken zu lassen.

Die geschilderte Situation endet, als eine Frau namens Isabelle[309] auf einem Fahrrad angefahren kommt und mit den Männern in Kontakt tritt. Im Zuge des darauf folgenden Gesprächs erfährt der Zuschauer erstmals, dass es sich bei der Szenerie um eine Autopanne handelt. Abweichend von einer Alltagssituation dieser Art scheint dies für die Beteiligten jedoch kein Zustand zu sein, den es möglichst schnell zu beheben gilt, da keinerlei Aktionismus, Eile geschweige denn Hektik zu spüren ist. Nichts scheint sie von dem Ort wegzudrängen, an dem sie sich befinden, vielmehr fügen sich in ihr Schicksal. Die Frage, woher sie kamen und wohin sie ursprünglich wollten, rückt dabei in den Hintergrund. „[A]u vu de leur tension, la panne semble chez eux un état naturel."[310] Die dadurch entstehende scheinbare Ereignislosigkeit steht in merklichem Kontrast zu dem Aktionsüberschuss der Stadt, in der zu dieser Uhrzeit alle Straßen und Plätze mit umherziehenden *OFF*-Truppen sowie Festivalbesuchern und Touristen überflutet sind. Somit wird das Kloster, das der Aufführung als Rahmen dient, zu einer Art Ruheoase, wodurch ein Bezug zu dessen Ursprungsnutzung hergestellt wird.

---

307 Die sieben Akteure sowie der Hund Hermès sind feste Mitglieder des Ensembles Quesnes und waren in dieser Zusammensetzung an allen seinen Inszenierung der letzten Jahre beteiligt.

308 Solis 2008, 1.

309 Das Spiel mit Realität und Fiktion, das durch die scheinbar ungestellte Situation, zu der das Publikum von den Akteuren unbemerkt hinzutritt, erzeugt wird, verstärkt sich durch die Übereinstimmung der Rollen- mit den Schauspielernamen, wie in diesem Falle bei der Schauspielerin Isabelle Angotti.

310 Solis 2008, 1.

Der Übergang zwischen den beiden „Welten", der des Alltäglichen einerseits und der der Aufführung andererseits[311], wird - unterstützt durch die räumlichen Begebenheiten - in beinahe ritueller Weise zelebriert. Vor Beginn der Aufführung versammeln sich die Zuschauer vor dem geschlossenen alten Holztor des Klosters, aus dem lediglich durch die maroden Holzplanken ein fahler Lichtschein nach außen dringt. [Abb.5.] Nachdem sich die schweren Scharniere geöffnet haben, betritt man den Klosterinnenhof, der von außen nicht einsehbar ist, durch einen farbig beleuchteten Kreuzgang. Der Moment der Passage von der Außen- zur Innenwelt des Klosters wird somit inszenatorisch genutzt und mystifizierend überhöht, wodurch der Kontrast zwischen beiden Bereichen verstärkt wird. Was den Zuschauer nach dem Eintritt erwartet, wird in einer Rezension der *Libération* vom 21.7.2008 als „neues Universum" beschrieben [Abb.7], das ein Gegenkonzept zur üblichen Effekthascherei entwirft: „Parce qu'elle ignore le cynisme, *la Mélancolie des dragons* ouvre bien sur un autre univers, sorte d'utopie non violente, attentive aux choses et aux gens. Dans un monde où tout doit faire événement, Philippe Quesne prend la tangente, et ça fait du bien."[312] Innerhalb dieses neuen Universums, in dem Zeit keine Rolle zu spielen scheint, erschaffen die Akteure eine selbst erzeugte Realität, in der eine Prioritätsverschiebung zwischen phantastischen und pragmatischen Elementen zu bemerken ist. „Mélancoliques, les personnages créent pour exister dans un monde étrange. Perdus dans la neige, ces doux rêveurs actionnent des machines qui ne servent à rien, ou à faire simplement de la poésie."[313] Die Maschinen, von welchen hier die Rede ist, sind Teil des Vorhabens der Figuren, einen *Parc d'attractions* zu erstellen. Voller Stolz führen die vier männlichen Protagonisten ihrer Bekannten Isabelle ihre Erfindungen vor, die sie für diesen Park vorgesehen hatten. Zusammen mit Isabelle wird auch das Publikum in eine Poesiewelt entführt, die aus Seifenblasenmaschinen, unsichtbaren Tänzern, einer Landschaft aus großen schwarzen Plastiksäcken und Ähnlichem besteht. Als Verbindungselement zur realen Welt fungiert das die Ereignisse umschließende Cloître des Célestins, das sowohl ein Zeuge der Vergangenheit der Außenwelt, als auch unmittelbarer Bestandteil der Phantasiewelt des Stückes und der physischen Gegenwart ist [Abb.8]. Dies zeigt sich

---

311 Zu der Thematik der Abgrenzung zwischen Fest und Alltag siehe Assmann 1991.

312 Solis 2008, 2.

313 Anonymus 2008b, 1.

unter anderem anhand einer das Stück beendenden Projektion an die Klosterwände mit der Inschrift „Ici prochainement un parc d'attraction". Jedoch trägt auch das unbewohnte Kloster selbst, über seine Funktion als Schnittstelle beider Realitäten hinaus, diese Doppeldeutigkeit in sich. So ist es doch ein Ort, der als Relikt aus einer anderen Zeit heute eigentlich funktionslos geworden ist, und erst durch die Nutzung des Festivals wiederbelebt und somit zu einem Ort der Poesie und Phantasie und zugleich zu einem *Erinnerungsort* werden kann.

4.2 Die Theatralisierung öffentlicher Räume

Nachdem in den vorigen Kapiteln die theatrale Eroberung historischer Räume Avignons in der Bandbreite ihrer Erscheinungsformen untersucht wurde, wendet sich der Blick nun auf ein Phänomen, welches das äußere Bild des heutigen Festivals wohl am sichtbarsten prägt: die Theatralisierung öffentlicher Räume. Als theoretische und historische Grundlage dienen einige Überlegungen Marvin Carlsons, die sich in ihrer Prägnanz und ihrem pragmatischen Realitätsbezug als Anknüpfungspunkte für die zu untersuchenden Festivalphänomene anbieten.

Der erste thematische Betrachtungsgegenstand besteht in einer Art Sonderform, die aber im Sinne der Forschungsfrage von großem Interesse ist. Es handelt sich um die sogenannte Theatralisierung eines *leeren Raums*, die gewissermaßen als Gegenentwurf zur Idee der Theatralisierung historischer Räume gelten kann. Bei dem Projekt, das in diesem Kontext beleuchtet wird, handelt es sich um *Le Mahabharata* von Peter Brook, der sich damit zum Ziel setzte, Theater an einen Ort zu bringen, der zuvor keinerlei kulturelle Vorprägung erlebt hatte. Als Bezugspunkt der raumbasierten Inszenierungsanalyse dienen Brooks theoretische Ausführungen, die unter dem Titel *Der leere Raum*[314] erschienen sind.

Das zweite Themenfeld widmet sich der Theatralisierung der Straßen und öffentlich zugänglichen Plätze der Stadt Avignon. Ein besonderes Augenmerk liegt dabei auf dem Ende der 60er Jahre entstandenen *OFF*-Festival und im Speziellen auf dessen raumgreifender, explosionsartiger Verbreitung. Unter anderem wird dabei die Frage gestellt, welche Einflüsse zur Entstehung und Etablierung dieses Gegen- oder Parallelfestivals beigetragen haben und inwieweit die Ereignisse des

314 Brook 1969.

Jahres 1968 dabei als Initiator gesehen werden können. Aus diesem Grund wird der Betrachtung des *OFF* selbst und dessen Formen und Strategien der Raumeroberung ein Blick auf das Jahr 1968 in Avignon vorangestellt, um mögliche Wechselwirkungen zwischen der Theatralisierung und der Politisierung öffentlicher Räume herausarbeiten zu können.

4.2.1 Theater und öffentlicher Raum – Marvin Carlsons Begriff der *Places of Performance*

Marvin Carlson nähert sich dem Phänomen des Theaters im öffentlichen Raum - dem er das Kapitel *The City as Theatre* in seinem Buch *Places of Performance*[315] gewidmet hat - mittels eines historischen Blikkes auf die Zeiten, in welchen Theater außerhalb eigens dafür vorgesehener Theaterhäuser von Relevanz war. Als erstes Beispiel geht er hierbei auf mittelalterliche Spielformen ein, die häufig in Form religiöser Prozessionen einen wichtigen Bestandteil des alltäglichen Lebens darstellten. Als besonderes Charakteristikum stellt er dabei die einende Funktion heraus, die die Bespielung öffentlicher Bereiche und die damit einhergehende Einbeziehung aller Stadtbewohner in das Geschehen erfüllte[316]:

> These great processions and the dramatic pageants that, like them, moved through the medieval city, by claiming that entire city as their setting, also made a claim for the involvement of every citizen that went even beyond that of the great spectacles in the marketplace.[317]

Für diese Inszenierungen kirchlicher Repräsentation wurden die Orte im öffentlichen Raum jedoch nicht willkürlich gewählt. Vielmehr siedelten sich diese meist an symbolträchtigen Plätzen der Stadt wie dem Marktplatz als weltlichem oder dem Kirchvorplatz als geistlichem Zentrum an.[318] Carlson meint hierzu:

---

315 Carlson 1989.

316 Die Form der theatralen Vereinnahmung weist deutliche Parallelen zu dem avignonesischen *OFF* auf, wie in Kapitel 4.2.3.2 und 4.3 dieser Arbeit näher erläutert wird.

317 Carlson 1989, 19.

318 An dieser Stelle lässt sich der Bogen zur Theatralisierung historischer Räume schlagen, da das Festival sich gerade solche Orte besonderer Symboldichte sucht. Für die theatrale Nutzung eines weltlichen Zentrums bietet

> The connotations of the market space made it especially suitable for this function. Usually contiguous to the town hall, surrounded by the dwellings and places of business of the city's mercantile leaders, itself the center for trade, recreation, and social intercourse, it was in fact the stage on which the new urban bourgeois class played out their lives, the secular if not the geographical heart of the city, as the cathedral was the spiritual heart.[319]

Die an den gewählten Orten vorhandene Symboldichte wirkte auf die theatralen Inszenierungen zurück und wurde bewusst zur Involvierung der Zuschauer genutzt. Innerhalb des öffentlichen Raumes entstand somit anhand theatraler Aktion ein Konglomerat verschiedener Ebenen: der alltäglichen Nutzung, der architektonischen Anordnung, der symbolträchtigen, religiösen Raumnutzung sowie der Neukonnotierung durch die theatrale Inszenierung des Ortes.[320]

Im späten Mittelalter wurde der Stadtraum nicht mehr nur zu Zwekken religiöser, sondern auch weltlicher Repräsentation genutzt, insbesondere zur Machtdemonstration der Könige, wodurch die Bevölkerung zu Publikum gemacht wurde. Für die prachtvollen Prozessionen eigneten sich die engen, mittelalterlichen Straßen jedoch nicht besonders, woraufhin zunehmend neue Raumstrukturen geschaffen wurden, die den Bedürfnissen der aufkommenden Renaissance besser entsprachen.[321] „Eventually, as the new rulers of the Renaissance consolidated their power, they began to impose their own demands upon the urban text, reforming it gradually into the baroque city, a more proper stage for the display of their magnificence."[322] Der Vorgang der Einflussnahme städtischer und gesellschaftlicher Strukturen auf theatrale Entwicklungen ist jedoch stets als wechselseitiger Prozess zu verstehen.[323] Carlson verdeutlicht dies am Beispiel der Renaissance, in deren Verlauf die Herrschenden sich mehr und mehr in Privatpaläste

---

sich als Beispiel hingegen der Place de l'Horloge, der Knotenpunkt des *OFF*, an.

319 Carlson 1989, 17.

320 Siehe Carlson 1989, 14.

321 Siehe Carlson 1989, 20.

322 Carlson 1989, 22.

323 Diese Sichtweise der Wechselseitigkeit dient als wichtige Basis für die spätere Untersuchung des *OFF* und der Theatralisierung der Stadt, da auch hier nicht nur von einem einseitigen Prozess der Beeinflussung der Stadt durch theatrale Aktivität ausgegangen werden kann.

zurückzogen, was auch einen Rückzug des Theaters in geschlossene Räumlichkeiten mit sich brachte: „The theatrical appropriation of the cityscape by Renaissance princes was architecturally confirmed by the fact that this scenic appropriation occured, as in Florence, within their private architectural spaces."[324] Im Gegenzug dazu wurden ab diesem Zeitpunkt die Straße und andere öffentliche Bereiche der Stadt zu einem Forum leichterer Unterhaltungskunst:

> From the Renaissance onward, city streets and market places continued to serve for the ancient forms of civic entertainment - the parades and processions, the mountebanks and medicine shows, the acrobats, farceurs, and mimes whose descendants may still be seen today in the clowns, mimes, fire-eaters, and jugglers found in popular urban gathering places. [...] The city around these entertainments has changed, but in general they have adapted to the changes without radical adjustment in the semiotics of their particular spaces. Processions and parades are still planned in reference to symbolically important paths and landmarks in the city text, and the acrobats and mimes, as traditional city market squares have disappeared, have sought out such modern equivalents as the pedestrian mall."[325]

Es entstand eine zunehmende Zweiteilung in eine Hochkultur, die sich in ausgewiesene Theatergebäude zurückzog, und eine Populärkultur, die nach wie vor auf der Straße angesiedelt war. Blieb diese Tendenz auch über viele Jahrhunderte erhalten und prägt sie bis heute teilweise die Bewertung theatraler Ereignisse mit, so finden sich doch seit der Romantik zahlreiche Gegenströmungen.[326] Die Motive für das Spiel außerhalb etablierter Theatergebäude reichten dabei, laut Carlson, von dem Versuch der Realitätserzeugung durch das Spiel an Originalschauplätzen[327] über das Ziel der Gemeinschaftsbildung durch die Nutzung etablierter Versammlungsplätze[328] bis hin zur Untermaue-

---

324 Carlson 1989, 25f.

325 Carlson 1989, 27.

326 Siehe Carlson 1989, 27.

327 Diese Form findet sich beispielsweise bei Victor Hugo oder auch bei den Ansätzen Max Reinhardts, wie etwa in seiner Inszenierung von Shakespeares *Sommernachtstraumes* inmitten eines Waldes oder des *Kaufmann von Venedig* auf einem venezianischen Platz wieder, einer „theatrical utilization of settings that in large measure *are* the things they represent." (Carlson 1989, 28.)

328 Unter anderem Jean-Jacques Rousseau machte sich zu einem Verfechter des Open Air Theaters zu gemeinschaftsbildenden Zwecken, da er diese Form

rung und Durchsetzung politischer Zielsetzungen[329]. In den 60er und 70er Jahren des 20. Jahrhunderts erlebte das (politische) Straßentheater eine Hochphase, in der nach langer Zeit erneut die gesamte Stadt zur Spielstätte erklärt wurde. Über diese Zeit, aus der auch das avignonesische *OFF* hervorging, schreibt Marvin Carlson: „The city, as in medieval times, has itself been utilized as a stage, but now with distinctly more conscious political and social concerns."[330] Im Fall Avignons führt die unmittelbare räumliche Nähe der Spielorte des *Festival d'Avignon* und des *OFF* und die dadurch entstehende Verstrickung der beiden Festivaltopographien zu einer Verwischung der Trennungslinie zwischen sogenannter Hoch- und Populär- beziehungsweise Unterhaltungskultur.

Neben der soeben skizzierten historischen Annäherung Carlsons an Theaterformen im öffentlichen Raum scheint zudem auch sein Raumverständnis, das er in Abgrenzung zu vielen anderen Theaterhistorikern seiner Zeit entwickelte, als Werkzeug dienlich zu sein. Besonders bemängelte Carlson hierbei die weit verbreitete Konzentration auf den Bühnenraum, wodurch der topographischen und gesellschaftlichen Einbettung wenig Aufmerksamkeit zugekommen sei:

> As one moved further and further from the stage, the interest of historians accordingly lessened - so that the auditorium received less attention, the lobbies and other public areas less

---

als adäquat ansah für seinen Entwurf einer „ideal republic, which was to have only open-air festivals, civic celebrations". (Carlson 1989, 31.) Romain Rolland verband Rousseaus Idee später mit sozialistischen Grundgedanken:„A happy and free people, needs festivals more than theatre houses." (Rolland 1913, 154.)

329 Während der französischen Revolution lieferten Formen wie das *people's theatre* sowie große Open Air Festivals zur Feier nationaler Themen Beispiele für diese Form des Theaters außerhalb von Theatergebäuden. Bald nach der Revolution entstanden - als eine Art Verschmelzung von Rousseaus und Hugos Ideen - die russischen *Proletcults,* moderne Allegorien an öffentlichen Originalschauplätzen mit Tausenden von Beteiligten. Als bekanntestes Beispiel gilt Nikolai Evreinovs *Storming of the Winter Palace*. In den 60er und 70er Jahren der 20. Jahrhunderts ging es vor allem um eine Politisierung und Theatralisierung öffentlicher Räume, die unter anderem als Symbol für den zu bekämpfenden Kapitalismus fungierten und vor allem in Frankreich und den USA Verbreitung fanden. (Siehe Carlson 1989, 32f.)

330 Carlson 1989, 34.

still, the external appearance and physical surroundings of the theatre practically none at all.[331]

Die geschilderte Form des Raumverständnisses erklärt Carlson zur Beschreibung und Analyse von Theaterereignissen außerhalb traditioneller Theatergebäude als zunehmend inadäquat und schlägt alternativ einen weiter gefassten Ansatz vor, der auch symbolische und soziologische Aspekte mit einbezieht:

> We are now at least equally likely to look at the theatre experience in a more global way, as a sociocultural event whose meanings and interpretations are not to be sought exclusively in the text being performed but in the experience of the audience assembled to share in the creation of the total event. Such a change of focus requires also a change in the way we look at the places where theatrical performance occurs, which may or may not be traditional theatre buildings. [...] The entire theatre, its audience arrangements, its other public spaces, its physical appearance, even its location within a city, are all important elements of the process by which an audience makes meaning of its experience.[332]

Es lässt sich aus dieser Äußerung Carlsons herauslesen, dass er die Analyse eines Theaterereignisses ohne die Betrachtung topographischer Strukturen und die Einbettung in soziale und gesellschaftliche Kontexte als fruchtlos und unvollständig erachtet. Zudem bemängelt er die einseitige Hervorhebung der Prägung räumlicher Theaterumgebungen durch die jeweilige Epoche, ohne die Bedeutungserzeugung durch die Spielorte selbst und deren Rückwirkungen auf gesellschaftliche Entwicklungen mitzubedenken. Er schreibt daher: „[…] places of performance generate social and cultural meanings of their own which in turn help to structure the meaning of the entire theatre experience."[333] Carlson strebt folglich eine diachronische Betrachtungsweise an, die das Zusammenspiel von sich wandelnder Gesellschaft, Architektur und unterschiedlichen Interpretationsansätzen berücksichtigt. Ein zentraler Aspekt innerhalb seines Raumbegriffs, der sich unter anderem aus dieser Verstricktheit von Menschen und Orten ergibt, besteht zudem in der Auffassung, dass Räume niemals wert- oder

---

331 Carlson 1989, 2.

332 Carlson 1989, 2.

333 Carlson 1989, 2.

bedeutungsneutral sein können, da sie stets kulturell konnotiert sind.[334] Carlson formuliert dies wie folgt:

> It is clear [...], that the physical surroundings of performance never act as a totally neutral filter or frame. They are themselves always culturally encoded, and have always, sometimes blatantly, sometimes subtly, contributed to the reception of the performance.[335]

Orte dienen somit immer als Bedeutungsträger, wobei Carlson im Rückbezug auf Gatti betont, dass dies nicht nur für bedeutsame historische Orte wie beispielsweise den Palais des Papes gilt, sondern auch, oder erst recht, für den normalen Lebens- und Alltagsraum, wie in diesem Fall die Straßen Avignons:

> Almost any identifiable space within the city may become a performance space. Through performance it will inevitably take on certain of the semiotic expectations of the theatre itself, but, at least equally important, it will bring to the theatrical experience its own spatial and cultural connotations, which the sensitive producer will seek to draw on to maximum effect in the work presented to a public.[336]

Diese Konnotationen und Bedeutungscodes, die in ihrer Gesamtheit ein raumsemiotisches System bilden, müssen nun von jedem Einzelnen gelesen und entschlüsselt werden, was laut Carlson ähnlich wie das Erlernen einer Sprache funktioniert. „Culturally we learn to read the messages of theatre spaces, locations, and decoration just as we do the many related architectural and urban codes by means of which we intellectually structure our environment."[337] Den Versuch der Bedeutungserzeugung und der Kohärenzbildung innerhalb zunächst unzusammenhängender Einzelzeichen beschreibt Carlson als menschliche Grundkonstante: „[…] we are apparently programmed to 'make sense' of our environment, and every culture may be seen on its most

---

334 Diese Aussage stellt eine Gegenthese zu Peter Brooks Idee des *Leeren Raumes* dar, die er - wie in Kapitel 4.2.2.1 näher beleuchtet wird - in der Raumauswahl für die *Mahabharata* verwirklicht sah. Hierbei glaubte Brook durch die Bespielung eines verlassenen Steinbruches einen neutralen, formbaren Ort ohne jegliche Vorprägung gefunden zu haben. Folgt man Carlson, scheitert dieses Vorhaben somit bereits in der Grundanlage.

335 Carlson 1989, 206.

336 Carlson 1989, 36f.

337 Carlson 1989, 205f.

fundamental level as a construction to respond to that need."[338] Der Prozess der Erzeugung von Bedeutungszusammenhängen ist jedoch nicht als einmaliger und abschließbarer, sondern als sich stets im Wandel befindlicher Vorgang zu verstehen, sodass die Wahrnehmung von Orten ebenfalls prozessualen Charakter besitzt. Bei dem auf diese Weise erweiterten Raumbegriff kann das Theater in einer sich verändernden Stadt stets neue Bedeutungen und Funktionen annehmen und sich entsprechend der sich wandelnden Gegebenheiten positionieren:

> [...] the public image of what makes up a city is changing, and the stability of theatre as an element does not mean that its urban role is stable but, on the contrary, that it has been able to accommodate itself to a variety of urban functions as the city around it has changed.[339]

Auf welche Weise das Festival in Avignon sich die Gegebenheiten des öffentlichen Raumes zu dessen theatraler Erschließung zunutze macht und welche Wechselwirkungen sich diesbezüglich mit der sich stets im Wandel befindlichen Stadt ergeben, wird in den folgenden Kapiteln erörtert.

4.2.2 Die Theatralisierung des *leeren Raums*

Die Suche nach neuen Spielorten innerhalb Avignons beschrieb Paul Puaux während seiner Leitungsperiode einmal folgendermaßen: „J'ai pris une photo aérienne d'Avignon et j'ai cherché des trous"[340] Diese Terminologie, die an eine militärischer Gebietserkundung oder auch an die Suche nach sogenannten „weißen Flecken" auf der Landkarte erinnert, unterstreicht stark den Eroberungscharakter dieses Vorhabens. Bei dem in diesem Kapitel im Mittelpunkt stehenden Inszenierungsbeispiel *Le Mahabharata* von 1985 fand eine Zuspitzung jener Suche statt, da sich diese nicht auf mögliche Leerstellen im Stadtgefüge beschränkte, sondern einen Ort zum Ziel hatte, der bezüglich seiner Bedeutungszuschreibung und der ihm eingeschriebenen menschlichen und kulturellen Spuren als leer und unbeschrieben bezeichnet werden konnte. Da innerhalb der belebten Stadt Avignon ein solcher Platz nicht zu finden war, fiel die Wahl auf einen außerhalb des Stadtgebietes gelegenen verlassenen Steinbruch. Vor dem Hintergrund der von

338 Carlson 1989, 3.

339 Carlson 1989, 7.

340 Armengol 1990, 58.

dem Regisseur des Projektes, Peter Brook, verfassten Ausführungen zum *leeren Raum* soll untersucht werden, welche ästhetischen Konzepte und Besonderheiten der Inszenierung zugrunde lagen, welche Effekte das Verlassen der Stadtmauern hatte und auf welchem Wege die theatrale Eroberung dieser scheinbaren Leere versucht wurde.

4.2.2.1 Peter Brooks Begriff des *Leeren Raums*

Der Begriff des *leeren Raums*, den Peter Brook[341] aufbauend auf seine Inszenierung von Shakespeares *König Lear* 1962[342] entwickelte, wird häufig als Synonym für ausstattungsarme, in den Mitteln reduzierte Inszenierungsweisen verwendet. Es handelt sich dabei zwar um einen zentralen Aspekt innerhalb Brooks Ausführungen, reduziert diese jedoch auf jene Elemente, die er von der Bühne verbannte, ohne mit einzubeziehen, was er an deren Stelle setzte. Koneffke bemängelt ebenfalls diese Vereinfachung im Begriffsgebrauch:

> Das vielbeschworene Stichwort und Bild des *Leeren Raums* steht [...] kaum allein für eine Verabschiedung von Ausstattungspomp und luxuriöser Illusionsmaschinerie, sondern für eine Eroberung des Raums durch menschliches Spiel, menschliche Bewegung und damit für eine Bereicherung und Verfei-

341 Nach Finanzierungszusagen für 3 Jahre durch große Firmen gründete Peter Brook Ende 1970 das „Centre International de Recherches Théâtrales" (CIRT) in Paris. Die ersten drei Jahre sollten ausschließlich der Forschungsarbeit an der Schauspielkunst gewidmet sein mit dem Ziel, „Theater quasi neu zu erfinden" (Brauneck 2007, 159.). Ein Motor für die Erneuerung sollte die Beschäftigung mit nicht-westlichem Theater-Kulturen sein, um den starren westlichen Theaterbetrieb aufzubrechen. Die Kritik blieb dabei aber weitgehend theaterimmanent. Siehe Brauneck 2007, 159. Zu Brooks wichtigsten Zielen, neben den bereits im Zusammenhang mit den Ausführungen zum *Leeren Raum* genannten, gehörte zum einen die Suche nach einer allgemein verständlichen Sprache für das Theater, zum anderen nach der größtmöglichen Einfachheit theatraler Erzählweisen und szenischer Räume. Beides zusammen würde „[...] dazu führen, daß ‚Leben und Theater' eins werden, und daß sich durch eine totale Offenheit der Zugang zu einer ‚tieferen Welt' erschließen würde." (Brauneck 2007, 161.) 1974 zieht die Truppe in das Théâtre des Bouffes du Nord um, in welchem Brook die plüschige Ausstattung entfernen ließ und den Umbau zu einem offenen, kahlen Raum ohne Rampe initiierte. Siehe Brauneck 2007, 166.

342 „Die Inszenierung ist eine radikale Absage ans Illusionstheater mit seinen opulenten Bühnenbildern und der Beginn eines Theaters, das den Schauspieler zum Zentrum des Geschehens macht, indem es ihn in einen ‚leeren Raum' stellt." (Ortolani 1988, 16.)

nerung der körperlichen Ausdrucksmittel und der Konzentration auf sie.[343]

Ausdrücklich ist hier die Rede von einer Eroberung des Raumes, was diesen Theorieansatz neben anderen Aspekten zu einer interessanten Grundlage für das nachfolgende Analysekapitel zu Brooks *Mahabharata*-Inszenierung von 1985 macht. Im Folgenden werden daher einige der in diesem Zusammenhang relevanten Thesen des *leeren Raums* herausgearbeitet, ohne dabei den Anspruch zu erheben, einen vollständigen Überblick über das Werk zu erstellen.

Die Nacktheit der Bühne durch fehlende Dekoration und Ausstattung, die zu den zentralen Veränderungen im Zuge von Peter Brooks ästhetischer Neuorientierung der 60er Jahre zählte, erinnert stark an die Konzepte Vilars und seine Inszenierungen im Cour d'Honneur. Eine Begründung dafür könnte unter anderem sein, dass sich Brook, wie auch Vilar, ausdrücklich an der elisabethanischen Bühne orientierte:

> Gewiß können wir uns keinen zweiten Shakespeare herpfeifen. Aber je klarer wir sehen, worin die Kraft des Shakespeare-Theaters liegt, desto besser können wir den Weg bereiten. Wir haben zum Beispiel endlich gemerkt, daß das Fehlen einer Szenerie im elisabethanischen Theater eine seiner größten Freiheiten war. [...] Die elisabethanische Bühne [...] war ein neutrales offenes Podium - nichts als eine Fläche mit ein paar Türen - und gab dadurch dem Dramatiker die Möglichkeit, den Zuschauer mühelos durch eine unbegrenzte Folge von Illusionen zu jagen, die, wenn er es wollte, die ganze physische Welt beinhalteten.[344]

Die Reduktion wurde nicht als Beschränkung angesehen, sondern vielmehr als Ausgangspunkt für die Erschließung nahezu unbegrenzter Ausdrucksformen sowie als Mittel zur Flexibilisierung von Sichtweisen und Betrachtungsebenen. Brook schreibt hierzu:

> In einer idealen Beziehung zu einem wirklichen Schauspieler auf einer leeren Bühne könnten wir dauernd von der Totale zur Nahaufnahme wechseln, indem wir dauernd hinaus- und hereinlaufen oder -springen, wobei die Ebenen sich oft überdekken. Verglichen mit der Beweglichkeit des Filmens schien das Theater einstmals schwerfällig und knarrend, aber je näher wir zur wahren Nacktheit einer Bühne gelangen, desto näher

343 Koneffke 1999, 405.

344 Brook 1965, 143.

> kommen wir auch an eine Bühne, deren Leichtigkeit und Weite die des Films bei weitem übertrifft.[345]

Als ebenso wichtig erachtet Brook jedoch auch die Anpassung des Theaters an heutige Gegebenheiten, um den aktuellen Bedürfnissen nachkommen zu können. Diese verlangten nicht mehr nach Illusionen und Magie im Theater, wie noch in elisabethanischer Zeit, sondern nach einer transparenten Offenlegung der Vorgänge. „Einst konnte das Theater als Magie beginnen. Heute [...] müssen wir beweisen, daß es keine Täuschung geben wird und nichts verborgen bleibt. Wir müssen unsere leeren Hände öffnen und zeigen, daß wir nichts im Ärmel versteckt halten."[346] Auf dieser Grundlage erneuerte Brook nicht nur seine Bühnenästhetik grundlegend, sondern auch seinen generellen Theaterraumbegriff. „Die Kategorie *Architektur* und *Gebäude* ersetzte er nunmehr durch den *Ort.* Da Theater von Natur aus flexibel und bescheiden ist, kann es sich eben an jedem Ort ereignen oder niederlassen, der Kontakt ermöglicht, sei es ein Theater oder irgendetwas anderes."[347] In der Nutzung außerhalb etablierter Theaterhäuser liegender Orte sieht er die Chance, neue Lebendigkeit zu erzeugen und auf diesem Wege das Theater vor seiner durch Konventionen hervorgerufenen Erstarrung zu retten. Denn nach seiner Auffassung ereignen sich epochenübergreifend „die vitalsten theatralischen Ereignisse außerhalb der legitimen Orte, die eigens dafür geschaffen sind."[348]

Zunehmend bevorzugte Brook ab diesem Zeitpunkt daher Theaterorte, die zuvor nicht als solche dienten und zudem möglichst frei von jeglicher Art des Prunks waren. Die von ihm entworfene Zielvorstellung bestand dabei aus einem

> Theater, das kein Theater ist, das Theater auf Karren, auf Wagen, auf Gestellen, mit stehenden, mitmachenden, dazwischenrufenden Zuschauern; Theater in Hinterzimmern, Bodenräumen, Scheunen, Vorstellungen einer Nacht, das durch den Saal gezogene zerrissene Laken, die mitgenommene spanische Wand, die die schnellen Wechsel verbergen soll - der eine Gattungsbegriff *Theater* deckt dieses alles und dazu noch den glitzernden Kronleuchter. Ich habe viele vergebliche Gespräche mit Architekten geführt, die neue Theater bauen - habe mich umsonst bemüht, für meine Überzeugung, daß es nicht eine

345 Brook 1965, 144f.

346 Brook 1965, 159f.

347 Koneffke 1999, 409.

348 Brook 1965, 113.

> Frage guten oder schlechten Bauens ist, die richtigen Worte zu finden. Ein schönes Gebäude ruft vielleicht nie explosive Ausbrüche des Lebens hervor, während ein unscheinbarer Saal ein großartiger Begegnungsort sein kann [...].[349]

Nur durch die Ermöglichung lebendiger Kommunikation erfüllt der Raum seinen intendierten Zweck und kann ein Theaterereignis zu seiner Vollendung bringen.[350] Besonders geeignet sind für diesen Zweck Orte, die möglichst ohne kulturelle und künstlerische Vorprägungen sind, was sich in Reinform bei der Wahl des Steinbruchs für *Le Mahabharata* zeigte. Nur unter diesen Voraussetzungen kann nach Brooks Auffassung ein Ort dem Menschen völlig unvorbelastet entgegentreten und ist für dessen Assoziationen verfügbar. Wie bereits im Falle *Richard II* thematisiert, ist es folglich auch hier nicht allein der Regisseur, der auf einem Reißbrett die Inszenierung und die dadurch entstehenden Effekte planen kann, da erst durch die „Kombination von lebendigen Schauspielern, einem lebendigen Gebäude und einem lebendigen Publikum"[351] die Aufführung zu einem Ganzen wird. Der folgenden Betrachtung von *Le Mahabharata,* einer der bekanntesten Produktionen Brooks, in der er um die Umsetzung der formulierten Ziele bemüht war, dienen die in diesem Kapitel herausgearbeiteten konzeptionellen Überlegungen als Bezugsbasis, um die angewendeten Eroberungsstrategien Brooks bei der Theatralisierung eines *leeren Raums* besser erfassen und damit abgleichen zu können.

4.2.2.2 Auf der Suche nach einem *leeren Raum*: *Le Mahabharata*, Regie: Peter Brook 1985

Die Inszenierung von *Le Mahabharata,* die unter der Regie Peter Brooks[352] am 13. Juli 1985 im Rahmen des *Festival d'Avignon* in einer neunstündigen Theaternacht zur Uraufführung kam, basiert auf einem indischen, in Sanskrit verfassten Epos aus dem 6. Jahrhundert nach Christus, auf das Brook und sein Mitarbeiter Jean-Claude Carrière bei

---

349 Brook 1965, 111.

350 Siehe Banu 1988, 31.

351 Brook 1965, 208.

352 Die Zeitung *Les Dernieres Nouvelles d'Alsace* vom 09. Juli 1985 betitelte Brook als zweiten modernen avignonesischen Papst nach Vilar, was sich gut in die These theatraler Eroberung eingliedern lässt. „[...] les Avignonnais [...] ont trouvé avec Peter Brook un nouveau pape. Le deuxième des temps modernes et de l'histoire du festival, après Jean Vilar..." (Boeglin 1985, 1.)

einer Indienreise „à la recherche d'un texte mythique"[353] stießen. Diese Schrift bildet eine der wichtigsten Bezugsquellen hinduistischer Religion und Kultur und gilt als eine Art Gründungsmythos der Inder. Aus dem vorgefundenen, äußerst umfangreichen Material erarbeitete Carrière in jahrelanger Recherche eine Spielvorlage, die aus drei Hauptteilen, *Partie de Dés, L'Exil dans la Forêt* und *La Guerre*[354] und zahlreichen Episoden besteht. Parallel nahm Brook die Arbeit mit etwa 20 Schauspielern aus Asien, Afrika und Europa auf.[355] Das Team hatte sich bei Fertigstellung der Bühnenfassung schließlich bereits zehn Jahre mit dem Epos beschäftigt.[356]

Die Fabel betreffend kann, stark verkürzt, als Haupthandlungsstrang der Kampf zweier verfeindeter Geschlechter - Kauravas und Pandavas - der Bharata-Dynastie hervorgehoben werden, die jeweils die Weltherrschaft an sich reißen wollen, was am Ende zur Vernichtung aller führt. Das Stück endet schließlich mit einer Paradiesszene, in der losgelöst von Krieg und Tod alle in friedlicher Eintracht zusammenfinden.[357] Eine der Hauptfragen, die dem Epos zu Grunde liegen, ist, ob die Menschheit sich in der Folge ihres Machthungers mutwillig selbst zerstören wird oder dies letztendlich doch durch Vernunft zu vermeiden weiß.[358]

Was die Inszenierung nun für die Belange dieser Arbeit von besonderem Interesse sein lässt, ist die außergewöhnliche räumliche Disposition. Brook machte sich, wie bereits erwähnt, zu Zwecken der Aufführung auf die Suche nach einem Ort ohne jegliche kulturelle und künstlerische Vorprägung, „un lieu vierge de tout passé culturel et artistique"[359]. Die Wahl fiel dabei auf den fünfzehn Kilometer von Avignon entfernten Steinbruch Carrière Callet de Boulbon [Abb.10], abseits der Zivilisation und inmitten der Natur. Den Vorgang der Raumwahl beschreiben Loyer und de Baecque wie folgt:

> C'est finalement à Boulbon, à quinze kilomètres d'Avignon, dans les Bouches-du-Rhône, que le *Mahabharata* trouve son havre naturel, dans l'une des carrières de Jacques Callet [...].

---

353 Loyer und de Baecque 2007, 409.

354 Siehe Pigeon 1985, 2.

355 Siehe Loyer und de Baecque 2007, 409.

356 Siehe Baron 1985, 1.

357 Siehe Sucher 1985, 2f.

358 Siehe Zellweger 1985a, 2.

359 *Libération* 11. Juli 1985, zitiert nach Loyer und de Baecque 2007, .410.

> Callet rencontre Brook, est emballé par le projet, [...] et accepte de prendre les traveaux d'aménagement à sa charge, devenant ainsi l'un des mécènes locaux du Festival. Après avoir suivi le Rhône vers le sud pendant quinze kilomètres, en voiture, en bus ou en bateau, les spectateurs gagneront la Carrière Callet de Boulbon en cinq à dix minutes de marche pour s'isoler dans un univers minéral comme abandonné, sauvage [...]. La Carrière s'imposera vite comme le second cœur du Festival, son antre naturel, la pierre à vif répondant au mur de la Cour d'honneur.[360]

Brook glaubte, in dem Steinbruch den Prototyp eines in seinen Ausführungen zum *leeren Raum* entworfenen modellierbaren Ortes gefunden zu haben. Auf diese Weise erhoffte er sich – in Abgrenzung zu den in Kapitel 4.1 thematisierten historischen Räumen[361] – möglichst eingeschränkte Wechselwirkungen zwischen dem Theaterereignis und den Vorprägungen des Ortes. Banu beschreibt dies wie folgt:

> In jeder Stadt will er sich zuerst die leeren Orte ansehen. [...] Diese Orte sind gewöhnlich entweder verlassen oder unvollendet. Verfügbare Orte, geschmeidige Orte... [...] Der Raum ist für Brook um so wertvoller, je formbarer er ist und je mehr Spielmaterial er beinhaltet.[362]

Neben dem Fehlen kultureller Vorbelastung steht der Steinbruch durch seine Ursprungsnutzung sinnbildlich für einen Ort des Arbeitsprozesses und des Unvollendeten, was ihn auf der Suche nach einem formbaren Raum geradezu als prädestiniert auszuzeichnen scheint. Erfüllte sich das Ziel der Formbarkeit somit in vollem Maße, drängt sich in diesem Zusammenhang dennoch ein Widerspruch innerhalb Brooks Argumentation auf, da der Ort zwar frei von kultureller und theatraler Vorprägung war, jedoch nicht von Spuren menschlicher Arbeit, wie auch Callet bestätigt: „La carrière est chargée d'un passé symbolique: le minéral, l'archéologie, l'homme des cavernes, les grottes... [...] La pièce de Peter Brook suit l'histoire de l'homme à travers les âges, un peu comme cette carrière."[363] Kommt man auf die Begrifflichkeit Carlsons zurück, kann man sagen, dass Brook sich einen Ort

---

360 Loyer und de Baecque 2007, 410.

361 In der Zeitung *Le Parisien* vom 26. Juli 1985 wurde der Steinbruch in Abgrenzung zu den historischen, sakralen Gebäuden der Stadt als „cathédrale naturelle" (Barthomeuf 1985, 1.) bezeichnet.

362 Banu 1988, 23.

363 Anonymus 1985, 2.

suchte, der möglichst frei von jeglichem *ghosting*[364] sein sollte, was jedoch nach der Auffassung Carlsons nicht möglich ist, da „even an ‚empty space' is inevitably layered with meanings."[365] Anstatt den Steinbruch als *leeren Raum* zu bezeichnen, könnte man daher zutreffender von einer kulturellen und theatralen Verfügbarkeit sprechen.

Anders als man aufgrund der oben skizzierten Textvorlage vermuten könnte, bestand das Theater Brooks, dass sich diesen verfügbaren Raum zu eigen machte, nicht aus turbulenten Kriegsszenarien und einem Großaufgebot an Effekten und Theatermaschinerien,[366] wie auch Henrichs bestätigt: „Im riesigen Theater aus Stein beginnt ein Kammerspiel. Kein Drama, sondern eine lange nächtliche Erzählung. Keine Kulissen, die Elemente selber sind das Bühnenbild: Feuer und Wasser, Stein und Licht. Und das fünfte Element ist die Musik [...]."[367] Diese konzeptionelle Entscheidung bildete einen Kontrast zwischen der Imposanz des Ortes sowie des Epos' und der Intimität der Inszenierungsweise [Abb.11]. Henrichs spricht in diesem Zusammenhang von einem „Monumentalismus der kleinen Zeichen, ein[em] Pathos der Untertreibung."[368] Dieses Wechselverhältnis setzte sich in einem die Aufführung durchziehenden Spiel mit Nähe und Distanz fort.

> Bei Brook findet das Theater immer in unmittelbarer Nähe zum Publikum statt. Selbst der *Mahabharata* im großen Steinbruch in Avignon spielte sich direkt vor den Augen der Zuschauer ab. [...] Der *Mahabharata* enthält gleichzeitig eine starke Intimität und ein riesiges Aufgebot an Kräften, als gäbe es fünfzig Pferde und zweitausend Krieger.[369]

Eine Eindämmung genannter Kräfte und eine Rückkehr zur Konzentration und Bündelung der Aufmerksamkeit auf das Bühnengeschehen - ein Ziel, das bereits Vilar bei seiner Inszenierung von *Richard II*

---

364 Carlson 2003, 7.

365 Carlson 2003, 133.

366 Im Jahr 1989 entstand die Verfilmung von *Le Mahabharata,* ebenfalls unter der Regie Peter Brooks. Als Drehort wurden zwar die *Joinville Studios Paris* ausgewählt, die Ästhetik der Außenaufnahmen ist jedoch deutlich an die des Steinbruchs nahe Avignon angelehnt. In Verknüpfung mit den vorliegenden Inszenierungsfotos sowie den Berichten und Rezensionen kann die filmische Version somit als Fundierung der Analyse bezüglich der Raumverwendung dienen.

367 Henrichs 1985, 4.

368 Henrichs 1985, 4.

369 Piccoli 1988, 104.

verfolgte - leistete nach Einschätzung Banus der Bühnenhintergrund, bestehend aus der großen, halbrunden Abbruchkante des Steinbruchs.

> Durch den Hintergrund entsteht ein konzentrierter Raum: Der Raum darf bei Brook niemals zentrifugal erscheinen. Die Abgrenzung durch den Hintergrund läßt den Raum zentripetal werden. Der Schauspieler besetzt das Zentrum, und der Hintergrund beschützt ihn.[370]

Dem beschriebenen Effekt war auch die tragende, konzentrierte Akustik zuträglich, die ansatzweise vergleichbar mit dem dafür berühmten Theater in Epidaurus[371] jedem Zuschauer den Eindruck vermittelte, er befände sich in unmittelbarer Nähe der Quelle des gesprochenen Wortes.

Als weiteres konzeptionelles und ästhetisches Grundprinzip der Inszenierung kann der symbolhafte Einsatz einfacher Requisiten benannt werden, die durch ihre flexible Verwendung unterschiedlichste Bedeutungen annehmen konnten. Eine treffende Beschreibung der ästhetischen Mittel formuliert Becker:

> Er [Brook] führt die gigantische Geschichte vor als ein orientalisches Märchen, dargeboten wie von einer Truppe wandernder Komödianten, zusammengeschart aus einem dutzend Ländern, versehen mit Bastmatten, tragbaren Bambusvorhängen, die zum Beispiel Palastmauern anzeigen; in der Sandarena inmitten des massiv aufragenden Kalksteinbruchs, dessen Anhöhen gelegentlich mit bespielt werden, sind ein paar Öllämpchen und Rauchgefäße verteilt, ein flacher, schmaler Wassergraben im Hintergrund deutet Seen an oder den Ganges, aus leicht gebauschten und wehenden Tüchern werden sekundenschnell Vögel und Kriegsfahnen, Menschenpuppen, Zauberkleider oder kleine Theatervorhänge.[372]

Die darauf fußende Aufführungsästhetik bezeichnen Loyer und de Baecque als „théâtre naturellement ‚avignonnais', simple, direct, frontal."[373] Die Zuschauer sollten auf diese Weise, so Brauneck, durch die Klarheit und Symbolkraft des Materials „an den sinnlichen Kern, an

---

370 Banu 1988, 30.

371 Pigeon 1985, 2.

372 Becker 1985, 9

373 Loyer und de Baecque 2007, 336.

die Atmosphäre der Aufführung herangeführt werden."[374] Im Mittelpunkt standen die vier Elemente Feuer, Wasser, Erde und Luft, die den Charakter des Nicht-Artifiziellen und des Allgemeingültigen unterstrichen.[375] Unterstützt und maßgeblich getragen wurde das Vorhaben durch die Schlichtheit und klare Strukturierung des gewählten Raums, wie auch Koneffke anmerkt: „Handlung und Raum unterstützen einander bei der gemeinsamen Anstrengung, das Theater zu einer ‚konzentrierten' Veranstaltung des Leben [sic] werden zu lassen."[376] An dieser Stelle lässt sich der Bezug herstellen zu Brooks Zitat aus *Der leere Raum*, in dem er das Ziel von der Erzeugung von Unmittelbarkeit und Schlichtheit durch Reduzierung illusionsbildender Elemente formuliert: „Wir müssen unsere leeren Hände öffnen und zeigen, daß wir nichts im Ärmel versteckt halten."[377]

Neben der Aufgabe des Ortes, an der Erschaffung einer solchen Atmosphäre, die möglichst frei von ausgelagerten Einflüssen sein sollte, mitzuwirken, war ein weiteres ausgeprägtes und prägendes Merkmal des Steinbruchs dessen zeitlose Ausstrahlung. Durch fehlende menschliche Spuren und Modernitätseinflüsse, beispielsweise in Form von Gebäuden einer bestimmten Stilepoche, war eine klare zeitliche Verortung kaum möglich. Verstärkt wurde dieser Effekt durch die Allgemeingültigkeit des Stoffes, bestehend aus menschlichen Grundkonflikten, Wünschen und Abgründen, wodurch der Aufführung ein gewisses Maß an Universalität zukam, wie Babry es formuliert: „Pour un projet aussi ambitieux qu'universel, il fallait un cadre qui fasse abstraction de tout contexte de civilisation moderne."[378] Ähnlich wie bei *La Mélancolie des dragons*, jedoch mit Hilfe völlig anderer Mittel, wurde der Zuschauer auch bei *Le Mahabharata* in einen zeitlichen Schwebezustand versetzt. Das Spiel mit verschiedenen Aspekten und Qualitäten von Zeitlichkeit beschränkte sich dabei nicht auf die Ortswahl, sondern fand auf unterschiedlichsten Ebenen der Inszenierung seine Entsprechung. Am markantesten lässt sich dies anhand der ex-

---

374 Brauneck 2007, 166. Abweichend von der in Kapitel 4.1.2 beschriebenen Atmosphäre als Schnittstelle zu den im Raum gespeicherten Vergangenheitsspuren wurde hier eine atmosphärische Konzentration auf das Theatereignis, möglichst ohne eine Verbindungsstelle zur „Außenwelt", angestrebt.

375 Siehe Banu 1988, 28.

376 Koneffke 1999, 414.

377 Brook 1965, 159f.

378 Babry 1985, 4.

zessiven Ausdehnung theatraler Dauer verdeutlichen, die den Rahmen einer gewöhnlichen Theateraufführung um ein Vielfaches überschritt. Eine ganze Nacht lang, von Sonnenunter- bis Sonnenaufgang, verbrachten Zuschauer und Schauspieler in dem abgelegenen Steinbruch, wodurch vermutlich jegliches exakte Zeitgefühl verloren ging. Eine grobe Orientierungshilfe boten jedoch Lichteinfall, Sonnenstand und Helligkeitsgrad sowie einige Naturgeräusche, wie zum Beispiel das am frühen Morgen einsetzende Vogelgezwitscher. Brook nutzte die genannten Einflüsse und die dadurch entstehenden (Licht-) Stimmungen zur Dramatisierung und Unterstützung des theatralen Geschehens. Mit zunehmender Dunkelheit verschärfte sich so beispielsweise der Konflikt zwischen den Pandavas und den Kauravas, „au coeur de la nuit, c'est la guerre. Elle investit tout l'espace et furieuse, ébranle la Terre entière. Dans la carrière, fracture de la terre, se joue le sort du monde."[379] Am finstersten Punkt der Nacht herrschte Höllenstimmung, in der „le feu embrase violemment les lieux, les transformant en enfer jusqu'à ce qu'une fumée efface tout."[380] Mit dem ersten Vogelgezwitscher und dem beginnenden Sonnenaufgang lichteten sich zunehmend die Konflikte, sodass am Ende „tous les personnages du *Mahabharata* se purifient dans l'eau du fleuve. La nuit est traversée, et le public émerveillé, enrichi de tant d'images et de fables […]."[381] Der Morgen erwachte schließlich zeitgleich mit dem Einsetzen der Paradiesszene: „Le bleu du ciel semble lavé de tous les crimes de la nuit et annonce un règne heureux qui précédera la montée au paradis."[382] Im Laufe der Zeitspanne, während der die Zuschauer in dem Steinbruch ausharrten, wurden diese somit Zeugen eines Schnelldurchgangs durch die Menschheitsgeschichte, bei der sie am eigenen Leib die „dunklen" Zeiten durchleben mussten, um schließlich geläutert dem neuen Morgen entgegentreten zu können. Der Steinbruch wurde auf diese Weise, bildlich gesprochen, zu einem „lieu de naissance, de passage et de purification"[383].

Laut Koneffke versuchte Brook mittels Theater ein „Vorbild und Labor des alltäglichen Lebens"[384] zu erschaffen. Dieses Konzept konnte je-

---

379 Gresh 1985, 1.

380 Gresh 1985, 1.

381 Gresh 1985, 1.

382 Barthomeuf 1985, 2.

383 Gresh 1985, 1.

384 Koneffke 1999, 406.

doch nur mit Hilfe der Bereitschaft des Publikums, sich auf eine solche Reise zu einem *leeren Raum* einzulassen, umgesetzt werden, die sie räumlich, zeitlich und ihre theatralen Gewohnheiten betreffend von ihren angestammten Wegen wegführte. Nach Carlsons Verständnis gehören, wie bereits ausgeführt, nicht nur der Theaterbesuch und das Inszenierungsgeschehen selbst zu den Betrachtungsgegenständen einer Aufführungsanalyse, sondern ebenso die Begleitumstände, wie beispielsweise die Anreise.[385] Das „Abenteuer *Mahabharata*" begann für die Besucher somit bereits bei Verlassen der Festivalstadt, der Überschreitung der Stadtmauern und der Anreise durch immer dünner besiedelte Gegenden bis hin zu dem letzten Stück Weg, das ausschließlich zu Fuß begehbar ist. [Abb.9] Der Akt des Eintrittes in die Extraterritorialität wurde zum bewusst erlebten Ereignis, das im Umkehrschluss die Stadt, von außen betrachtet, als geschlossene, klare Einheit definierte. Pigeon beschreibt diesen Vorgang in pointierter Form: „Avignon n'est plus dans Avignon. Il faut aller extra-muros, pélégriner ‚Off-Off'."[386] Die Zuschauer wurden auf diese Weise mit der Erfahrung eigener Entortung und der anschließenden Überführung in eine nahezu andere Welt konfrontiert. Pascaud beschreibt den Vorgang folgendermaßen:

> Peter Brook, racontant cette légendaire histoire de clans ennemis, a choisi de nous dépayser violemment, de nous transporter dans un autre univers. Avec quelques symboles simplismes, quelques signes lumineux, ses comédiens-alchimistes réinventent pour nous le feu, l'eau, le vent, la terre; nous promènent au cœur de la création de l'univers, nous font rencontrer les dieux.[387]

Auf diese Weise entstand ein Geflecht aus fiktiven und realen Elementen, „aus dem Imaginären und der Gegenwart der Leiber"[388]. Trotz dieser „Entführung" in ein anderes Universum, bemühte sich Brook, seinen Zuschauern keine festgelegten Assoziationsmuster vorzulegen, sondern, wie Goebbels dies formuliert,

> den dafür nötigen *Raum* dem Publikum zu öffnen und offenzuhalten, d.h. den Erwartungsraum des Zuschauers nicht mit Bildern der Eindeutigkeit zu verbauen, besetztzuhalten, zuzu-

385 Siehe Carlson 2003, 156f.

386 Pigeon 1985, 1.

387 Pascaud 1996, 211.

388 Schlocker 1985, 2.

> kleistern. Letzteres bedeutet: das Publikum zu unterschätzen, zu bevormunden, zu belehren - und selten eines Besseren.[389]

Es handelte sich daher um die Bereitstellung eines Fundus', aus dem das Publikum sich frei bedienen und den es durch eigenes Material bereichern konnte. Eine historische, kulturelle Vorgeschichte des Ortes hätte Peter Brook jedoch als Festlegung und Einschränkung der imaginären Freiheit angesehen. „Brook liefert Assoziationsmaterial, Zeichen [...], und in der Phantasie der Zuschauer entstehen die Bilder, entstehen Ideen"[390], mit welchen der *leere Raum* nach und nach ausgestaltet wurde. Konkreten Niederschlag dieses Konzeptes in der Inszenierung findet sich beispielsweise in der Einrichtung der Rolle eines Erzählers - verkörpert durch den Poeten Vyasa - durch dessen Schilderungen, die anstelle körperlicher Aktion standen, ein Großteil der Handlung in die Gedankenwelt der Zuschauer verlegt wurde. Turbulente, laute Kriegsszenen wurden somit ersetzt durch einfache, symbolträchtige Bilder, den gesprochenen Text und dezente Musik.[391]

Kommt man nun abschließend noch einmal auf die Ausgangsthese theatraler Eroberung zurück, lässt sich für diesen Fall feststellen, dass das Festival das Publikum zu einer gemeinsamen Erschließung der Außenbereiche Avignons, in diesem Falle eines zuvor kulturell unberührten Ortes anleitete, den Zuschauern jedoch die Freiheit gab, diesen auf individuelle Weise mit Hilfe eigener Phantasie zu erobern und mit eigenen Assoziationen zu beleben.

4.2.3 Die Theatralisierung der Straße

Am Beispiel von *Le Mahabharata* wurde zuletzt ein Fall geschildert, bei welchem durch das Theater explizit ein unbewohnter Ort erschlossen werden sollte, der bislang nicht zum Lebensbereich der Menschen gehörte und darüber hinaus ausschließlich durch gezieltes Verlassen der gewohnten Wege erreicht werden konnte. Unter diesem Blickwinkel kann der nun folgende Betrachtungsgegenstand als dazu komplementäres Phänomen bezeichnet werden, da Theater sich durch die Erschließung öffentlicher Plätze und Straßen gerade in jenen Bereichen der Stadt Avignon ansiedelt, die integral zur Alltagsumgebung der

---

389 Goebbels 2006, 263.

390 Sucher 1985, 3.

391 Siehe Coen 1985, 2.

Menschen gehören.[392] Nachdem das Theaterfestival sich in der ersten Zeit vorrangig in historischen Räumlichkeiten ansiedelte, die zwar in den meisten Fällen ohne Überdachung, nach außen hin dennoch klar begrenzt waren, vollzog sich 1968 und im Laufe der Etablierung des - in seiner Ursprungskonzeption als Gegenfestival geplanten - *OFF* in den Folgejahren der Sprung aus den baulichen Begrenzungen in den öffentlichen Stadtraum.[393] Es liegt in diesem Zusammenhang die Schlussfolgerung nahe, dass es sich bei dieser zeitlichen Übereinstimmung mit dem Jahr der großen Studenten- und Arbeiterbewegungen nicht um einen Zufall handeln kann. Es gilt daher zunächst zu untersuchen, inwieweit die Ereignisse des Jahres 1968 auf das Raumverständnis des avignonesischen Festivals einwirkten und welche Methoden des Protestes und der Öffentlichkeitserschließung übernommen wurden. Im Anschluss wird das *OFF* selbst, das sich binnen kürzester Zeit explosionsartig in der gesamten Stadt verbreitete und heute aus dem sommerlichen Avignon nicht mehr wegzudenken ist, unter räumlichen Gesichtspunkten näher betrachtet.

4.2.3.1 Die 68er in Avignon: Die Politisierung und Theatralisierung öffentlicher Räume

Das Jahr 1968 wird sowohl in der wissenschaftlichen als auch der populären Literatur umfangreich und höchst kontrovers diskutiert.[394] Da der Rahmen der vorliegenden Arbeit keine ausführliche Darlegung der Geschehnisse und Auswirkungen dieses ereignisreichen Jahres erlaubt, wird der Blick im Folgenden ausschließlich auf die Ereignisse in Avignon selbst und die mit der Forschungsfrage korrespondierenden Aspekte gerichtet.

Die Auffassung Jean-Jacques Lebels, dass „the first stage of *any* revolution is always theatrical. [...] The May uprising was theatrical in that it was a gigantic fiesta, a revelatory and sensuous explosion outside

---

392 Weitere öffentliche Räume, die das *Festival d'Avignon* als Spielorte nutzt und die ebenfalls zum Alltagsbereich der Avignoneser gehören, sind diverse Schulen und Turnhallen, wie beispielsweise das Lycée St-Joseph oder das Gymnase René Char.

393 Viele der *OFF* Aufführungen finden nach wie vor in geschlossenen Räumlichkeiten statt, die Abgrenzung zu dem *IN* sowie zu den meisten anderen Festivals Europas stellt jedoch die Bespielung öffentlicher Räume dar.

394 Mehr zu dem Thema findet sich unter anderem bei Artous, Epsztajn und Silberstein 2008, Gilcher-Holtey 2001 und Klimke 2008.

the ‚normal' pattern of politics"[395], bestätigt die Beobachtung, dass der 68er Bewegung sowie den damit verbundenen Aktivitäten eine starke Verschränkung politischer und theatraler Ebenen inhärent ist. Als markantester Ansatzpunkt zur Verknüpfung beider erweist sich in diesem Zusammenhang die Politisierung und Erschließung öffentlicher Bereiche - die „réappropriation de l'espace public"[396] - insbesondere der Straße. Das Ausdrucksmittel der Meinungskundgebung und der körperlichen Präsenz außerhalb geschlossener Räume mit dem Ziel der Gesellschaftsveränderung wurde in den späten 60er Jahren gewissermaßen wiederentdeckt. Die konkreten Ausprägungen der Kundgebungen des Jahres 1968 erstreckten sich, um nur einige zu nennen, von Demonstrationen und Streiks über gemeinschaftliche Aktionen wie sogenannte *Sit-ins* bis hin zur Überflutung der Städte mit Flugblättern und Plakaten. Im Folgenden ist nun zu untersuchen, welche Auswirkungen und Folgen diese Bewegung und die damit verbundenen Aktionen für das Theaterfestival in Avignon und dessen Raumverständnis hatten.

Warum ist es jedoch überhaupt von Relevanz, bei der Betrachtung der 68er den Blick nach Avignon zu wenden, steht doch bei den Abhandlungen bezüglich dieser Zeit in Frankreich meist der Pariser Mai im Mittelpunkt des Interesses?[397] In der Tat verlief der Monat Mai in Avignon recht ruhig. Von den großen Studentenrevolten, den Zusammenschlüssen mit der Arbeiterschaft und der Besetzung des Odéons war in der Provencestadt sowie in weiten Teilen Frankreichs vergleichsweise wenig zu spüren.[398] Mit einer zeitlichen Verzögerung von einigen Wochen verbreiteten sich die Unruhe und der Aktionismus jedoch ausgehend von der Hauptstadt in verschiedene Bereiche des Landes, der „Studentenprotest springt von Paris auf die Provinz über"[399]. Avignon, in dieser Zeit gerade im Begriff, das Festival 1968 zu planen und vorzubereiten, erwies sich im Zuge dieser Bewegung als einer der Hauptanziehungspunkte und als eine Art Mikrokosmos der landesweiten Geschehnisse.[400] Häufig wurde in diesem Zusammenhang die Frage aufgeworfen, warum sich die Proteste, unter ande-

395 Lebel 1998, 180.

396 Artous, Epsztajn und Silberstein 2008, 775.

397 Siehe unter anderem Brandes 2008, Fauré 2008 und Joffrin 2008.

398 Siehe Gilcher-Holtey 2001, 80-94.

399 Gilcher-Holtey 2001, 84.

400 Siehe Loyer und de Baecque 2007, 270.

rem bestehend aus dem Vorwurf, das Festival würde zu einem institutionalisierten „supermarché de la culture“[401] verkommen, nicht an einer der weitaus bürgerlicheren Kulturveranstaltungen entluden, wie beispielsweise den Festspielen in Aix-en-Provence „avec ses tenues de soirée, ses smokings blancs“[402]. Gesucht wurde für die Kundgebungen und Proteste hingegen scheinbar ein Ort, mit dem prinzipiell eine enge Verbundenheit und Identifizierung vorlag, was die Brisanz des Anliegens erhöhte. „En effet, les contestataires ne s'attaquent pas à n'importe quel lieu. Tout d'abord, c'est un symbole. Symbole d'une culture populaire digne, devenue une véritable institution.“[403] Dieses Phänomen weist starke Parallelen zu der im Zuge der 68er Debatten häufig thematisierten Vatermordssymbolik auf, die für die Überwindung des Vertrauten und Althergebrachten als Basis zur eigenen Selbstständigkeit und Befreiung steht. Direkten Bezug auf diese Terminologie nimmt auch ein aus diesen Jahren überliefertes Gespräch, in dem sich Vilar mit den Worten an Puaux wendete: „Il veulent tuer le Père, confiait-il à Paul Puaux. - C'est normal, et peut-être nécessaire.“[404] Was somit zunächst nach Destruktion und Boykott aussah, kann in einer anderen Lesart auch als notwendiger Schritt zur Erneuerung und Weiterentwicklung des Festivals gesehen werden. Die utopiehafte Idee einer Gegengesellschaft mit dem Ziel der Grunderneuerung stellt auch Lenora Champagne in den Mittelpunkt ihrer Beschreibung des Jahres 1968 in Frankreich. „There was a briefly-lived utopia, which took the form of an ‚antisociety' or ‚counterculture' opposed to existing social relations and proposing new ones.“[405] Das *Festival d'Avignon* schien sich als Forum zur Erprobung einer Gegenkultur anzubieten, die sich in Form früher Vorläufer des *OFF* manifestierten. Über das Verhältnis zwischen Festival und Stadt lässt sich daraus ableiten, dass den jungen Festivalbesuchern dort - von Lerrant als eine Form des Hausrechtes bezeichnet - genügend Raum zur Manifestierung eigener Emotionen und Ängste geboten wurde. Diese wurden ähnlich einem Spiegelbild auf die Stadt projiziert und auf diesem Wege sichtbar gemacht. In der Rückschau können die Ereignisse der späten 60er Jahre statt als Entzweiung daher auch als erneute Stärkung des Bandes zwischen Avignon und seinem Festival angesehen werden.

---

401 Loyer und de Baecque 2007, 260.

402 Boissien 1995, 24.

403 Loyer und de Baecque 2007, 271.

404 Léonard und Vantaggioli 1989, 19.

405 Lebel 1998, 179.

> Si Avignon est la capitale de la jeunesse, elle en est aussi le miroir. Elle reflète exactement désarrois, angoisses, revendications, espérances. Juillet 1968 apparaît, de ce fait, comme le psychodrame joué à Avignon par une jeunesse qui y avait droit de cité, jouissait de privilèges et trouvait normal d'y faire éclater sa contestation.[406]

Aufgrund der engen Vertrautheit mit dem Festival und dessen Ausrichtung wussten die Demonstranten die Festivalleitung an jenem Punkt - der Ursprungszielsetzung von Freiheit und Popularität - zu kritisieren, der diese besonders traf. „À Avignon, le radicalisme politique est mis en scène dans le cadre d'un festival qui se voulait populaire [...]."[407] Um das Selbstbild zu rehabilitieren, der ursprünglichen Festivalkonzeption Nachdruck zu verleihen und Avignon als Ort lebendiger Reflexion und Konfrontation zu bestärken, zeigten sich Vilar und seine Mitarbeiter daher lange Zeit gewillt, sich mit den Aufständigen zu arrangieren und die Proteste mit in das Festival zu integrieren [Abb.12], wodurch die Paradoxie der Situation weiter gesteigert wurde.[408] Zunehmend wurde dem Festivalteam bewusst, dass es die Unruhen mit einlenkenden Aktionen wie der Umbenennung der *Rencontres* in *Assises* ins Innere des Festivals hineingeholt hatte, wie anhand der Äußerung von Debeauvais, einem der engsten Mitarbeiter Vilars, auf einer Pressekonferenz deutlich wird: „Cette année, nous avons donné place centrale à la contestation. Nous nous sommes contestés nous-mêmes."[409]

Am 7. Juni 1968, inmitten der Endplanungsphase des Festivals, wurde eine Pressemeldung herausgegeben, die den Rückzug aller französischen Kompanien aus dem Festival ankündigte, was den Wegfall der Hälfte aller geplanten Aufführungen bedeutete. Auf dem Place de l'Horloge, dem „centre névralgique de la révolte"[410] verschärften sich zudem zunehmend die Proteste, die sich zum Teil direkt gegen Vilar und sein Team richteten und als deren Hauptan- und Wortführer sich Jean-Jacques Lebel und André Benedetto herauskristallisierten.[411] Man

---

406 Lerrant 1996, 94.

407 Loyer und de Baecque 2007, 250.

408 Siehe Loyer und de Baecque 2007, 250.

409 Debeauvais, zitiert nach Loyer und de Baecque 2007, 247.

410 Loyer und de Baecque 2007, 261.

411 Lebel, bereits an der Besetzung des Odéons beteiligt, war bildender Künstler und Literat und brachte erste Happenings aus Amerika mit. André Benedetto war Direktor der „Nouvelle Compagnie d'Avignon" die eine der

sprach von einem nachgeholten Mai 1968 in Avignon: „[...] la place de l'horloge se transforme tous les soirs en un forum de discussion. Ainsi, les Avignonnais, grâce ou à cause du Festival, se retrouvent dans le climat d'un Mai qu'ils n'avaient pas vraiment vécu."[412] Die Stadt wurde übersät mit Slogans, Plakaten und Graffitis, „Avignon devient ville de papier"[413]. Über die auch aus anderen Städten bekannten Protestformen hinaus entwickelten sich laut Loyer und de Baecque zudem Avignon-spezifische Formen der Politisierung öffentlicher Räume:

> La grammaire de la contestation s'est enrichie de quelques postures spécifiquement avignonnaises: à côté de la manifestation, assez peu pratiquée à Avignon, ville trop petite aux artères trop étroites, et du forum, où circule la parole, les corps sont debout ou assis, parfois allongés: c'est le *die-in* (se coucher devant l'entrée du palais des Papes pour que les spectateurs soient obligés de vous passer sur le corps pour entrer). Se déshabiller devient également un acte politique, une pratique systématique de provocation et de scandale. Le corps devient politique [...].[414]

Die Eroberung des öffentlichen Raums durch die skandalerzeugende Ausstellung nackter Körperlichkeit wurde initialisiert durch Performances des *Living Theatre*[415] um Julian Beck und Judith Malina [Abb.14], wodurch es rasch zu einem Symbol und Kristallisationspunkt des Protestes wurde.[416] Neben dem Tabubruch durch Nacktheit in der Öffentlichkeit und der damit verbundenen Grenzverwischung

---

historischen Wurzeln des *OFF* darstellt. Siehe Loyer und de Baecque 2007, 253-255.

412 Loyer und de Baecque 2007, 255f.

413 Loyer und de Baecque 2007, 259. Diese Form öffentlicher Kundgebung könnte als Vorläufer der Plakatierung Avignons durch das *OFF* gelten. Eine nähere Beschäftigung mit dieser Thematik findet sich in Kapitel 4.3.2.

414 Loyer und de Baecque 2007, 266.

415 Für weitere Informationen zum *Living Theatre* siehe Beck 1986 und Tytell 1997.

416 Siehe Loyer und de Baecque 2007, 240. Neben den Ereignissen um das *Living Theatre* gab es einen weiteren wichtigen Auslöser für die Entstehung des *OFF* und die theatrale Erschließung der Straße im Jahr 1968, und zwar das städtische Spielverbot, das über die Truppe *Chêne Noir* verhängt wurde, was zu heftigen öffentlichen Protesten führte. Nähere Informationen hierzu finden sich bei Loyer und de Baecque 2007, 255.

des Privaten[417] war in den Augen vieler Stadtbewohner besonders skandalträchtig, dass

> die Gruppe für ihre Darbietungen die gesamte Stadt als Aufführungsort einbeziehen wollte. Avignon sollte gleichsam - ‚jetzt' - zu jenem Paradies werden, das vor allem eines zu sein versprach: eine fundamentale Gegenwelt zu der herrschenden bürgerlichen Gesellschaft, die durch Restriktionen, Tabus und Normierungen jenes exzessive Ausleben von Individualität verhindere, das die Truppe als ihre Lebensform vorspielte und auch real praktizierte.[418]

Die auf diese Weise durch das *Living Theatre* vorgenommene Okkupierung öffentlicher Bereiche fußte auf der Auffassung, diese würden jedem in gleichem Maße gehören und stünden somit zur freien Verfügung. Judith Malina verkündete diesen Standpunkt auch in einem retrospektiven Interview: „The street is a great mystical venue. It belongs to everybody, it belongs to nobody."[419] Seinen Höhepunkt erreichten die durch das *Living Theatre* initiierten Ereignisse in Avignon, als sich eine Menschenmasse ohne Eintrittskarten Einlass in das Cloître des Carmes zu verschaffen versuchte, wo an diesem Abend das Stück *Paradise Now* aufgeführt werden sollte. Vor verschlossenem Tor stehend wurde die Menge durch das Ensemble provokativ zu einer Befreiung des Theaters aus seinen imaginären Gefängnisfesseln und zur aktiven Teilnahme am Bühnengeschehen aufgefordert [Abb. 13]. Der Abend endete schließlich mit einer rituellen Befreiung der Schauspieltruppe aus der Geschlossenheit der Klostermauern und ihrer Überführung in den öffentlichen Raum der Stadt. „À la fin du spectacle, un défilé bruyant se poursuit dans la ville jusqu'à 3 heures du matin, aux cris de: 'Le théâtre est dans la rue!'"[420] Die Straße war somit symbolisch durch und für das Theater erschlossen, was dazu führte, dass das Interesse an den Geschehnissen im öffentlichen Raum zu diesem Zeitpunkt bei weitem das an traditionellen Theateraufführungen überstieg, wie der Bericht eines Zeitzeugen bestätigt: „[...] ich

---

417 In diesem Fall wird die Grenze zwischen privatem und öffentlichem Raum dadurch überschritten, dass Nacktheit bislang ausschließlich dem privaten Bereich zugeordnet war und diese nun in die Öffentlichkeit überführt wurde. Eine nähere Beschäftigung mit den diesbezüglichen Grenzen und Grenzverschiebungen findet sich in Kapitel 4.3 dieser Arbeit.

418 Brauneck 2007, 25.

419 Rosenthal 1998, 150.

420 Loyer und de Baecque 2007, 263.

erinnere mich an meine Freude, nicht drinnen, sondern draußen zu sein; an die euphorische Gewissheit, auf der Straße das schönere Schauspiel zu erleben."[421] Diese raumgreifenden Maßnahmen trafen allerdings schon bald auf Gegenwehr. Neben verbal geäußerten Beschwerden seitens einiger Stadtbewohner kam es auch zu körperlichen Ausschreitungen gegen die Mitglieder des *Living Theatre* sowie deren Anhänger. Raoul Colombe, Mitglied des rechten Flügels des Stadtrats, rief die Bewohner sogar zu einer Art „Säuberungsaktion" zur Wiederherstellung ursprünglicher Ordnung auf, was zu einer spürbaren Erhöhung der Spannungen und Konflikte führte.[422] Der damalige Bürgermeister Michel Duffaut reagierte mit der Aufforderung an die Mitglieder des *Living Theatre*, *Paradise Now* durch ein anderes Stück zu ersetzen. Er betonte, es handle sich hierbei nicht um die Einschränkung künstlerischer Freiheiten, sondern um die Verhinderung der „exploitation de la pièce hors de la scène"[423] und die damit verbundenen Tumulte im Stadtraum. Die Ablehnung der Forderung führte schließlich zu dem Verbot durch die Stadtverwaltung, weiterhin auf öffentlichen Straßen und Plätzen zu spielen, was das *Living Theatre* zum Anlass nahm, in einem 11-Punkte-Programm am 31.Juli öffentlich seine Abreise aus Avignon zu verkünden. Auszugsweise hieß es dort:

> Nous quittons le festival parce que le temps est venu pour nous de commençer enfin à refuser de servir ceux qui veulent que la connaissance et le pouvoir de l'art appartiennent seulement à ceux qui peuvent payer, ceux-là mêmes qui souhaitent maintenir le peuple dans l'obscurité, [...] qui souhaitent contrôler la vie de l'artiste et celle des autres hommes.[424]

Aus den bisherigen Ausführungen wird ersichtlich, dass sich bei den Ereignissen in Avignon 1968 politische und theatrale Ebenen untrennbar vermischten. An diese Beobachtung schließt sich die Frage an, inwieweit sich das Festival der Politisierung der Öffentlichkeit auch inhaltlich anschloss oder ob dieses lediglich ähnliche Ausdrucksmittel nutzte, ohne politische Intentionen damit zu verfolgen.[425] Um darauf

---

421 Henrichs 1985, 3.

422 Siehe Loyer und de Baecque 2007, 256-258.

423 Loyer und de Baecque 2007, 264.

424 Loyer und de Baecque 2007, 265.

425 Den Ausdrucksformen der 68er Bewegung bedienten sich auch die Demonstranten im Jahr 2003, die erneut den öffentlichen Raum sowie das Festival zum Forum politischer Belange machten. Der dadurch erwirkte Ausfall des 57. Festivals ist somit im weitesten Sinne als Spätfolge des Jahres

eine Antwort zu finden, erweist sich eine Beschäftigung mit den Thesen Peter Handkes zum politischen Straßentheater als fruchtbar. In Anlehnung an die Brechtschen Widerspruchsmodelle spricht Handke von der Gemachtheit und Machbarkeit der Welt, die „nicht natürlich, nicht geschichtslos, sondern künstlich, veränderungsfähig, veränderungsmöglich, unter Umständen sogar veränderungs*nötig*“[426] ist. Die Institution Theater in ihrer herkömmlichen Form ist jedoch laut der drastischen These Handkes ungeeignet für die Herbeiführung realer gesellschaftlicher Veränderungen, die nur durch authentische Aktionen im öffentlichen Raum herbeiführbar ist.

> Ein Sprechchor, der nicht auf der Straße, sondern auf dem Theater *wirken* will, ist Kitsch und Manier. Das Theater als gesellschaftliche Einrichtung scheint mir unbrauchbar für eine Veränderung gesellschaftlicher Einrichtungen. [...] Das engagierte Theater findet heute nicht in Theaterräumen statt (nicht in diesen verfälschenden, alle Wörter und Bewegungen entleerenden Kunsträumen), sondern zum Beispiel in Hörsälen [...]. Es gibt jetzt das Straßentheater, das Hörsaaltheater, das Kirchentheater [...], das Kaufhaustheater, etc.: es gibt nur nicht mehr das Theatertheater - jedenfalls nicht als Mittel zur unmittelbaren Änderung von Zuständen [...].[427]

Für Handke darf sich ein Theater, das als Straßentheater wirksam werden will, folglich nicht als solches konzipieren und vor allem kennzeichnen, da ansonsten die Sprengkraft der Aktion verloren geht und jegliche Handlung zum Vortäuschen derselben wird:

> Vorweg einen Vorgang auf der Straße als Theater zu bezeichnen, muß jeden unbefangenen Teilnehmer oder Zuschauer befangen machen: diese Bezeichnung allein schon erzeugt die Aura des Rituellen: schon das Heben von Armen etwa, die ein Plakat oder ein Spruchband mit ernstgemeinten Parolen zeigen, erstarrt zu einer Zeremonie, zu einer Feierlichkeit, zu einer Feier: das Heben der Arme feiert das Heben der Arme, und was auf dem Spruchband steht, ist keine Parole auf einem

---

1968 zu sehen: „Le 57e Festival n'a pas eu lieu. Et pourtant il compte doublement, [...] la prise de la rue et la prise de la parole, signent une édition qui est visuellement et oralement très militante, très politique, très acharnée.“ (Loyer und de Baecque 2007, 488.) Für weiterführende Informationen bezüglich dieses Themenbereiches siehe auch Loyer und de Baecque 2007, 498-514.

426 Handke 1969, 303.

427 Handke 1969, 305f.

> Spruchband, sondern eine Parole auf einem Requisit. [...] Jede Agitation vergegenständlicht sich dadurch, daß sie sich als Darbietung kenntlich macht, zu einem theaterähnlichen, das heißt nicht so gemeinten [...] Requisit.[428]

Dem sich als solches ausgebenden Straßentheater, das gewissermaßen eine Revolution nachstellt, wirft Handke vor, dass an die Stelle „revolutionären Tuns revolutionäres Getue“[429] trete. Das Zurückgreifen auf bewährte Methoden der Bedeutungserzeugung widerspreche dem Gedanken der Politisierung und Revolutionierung und erstarre zur Institution.[430] Wendet man die Ausführungen Handkes auf die Aktionen des *Living Theatre* in Avignon an, wird deutlich, dass den vordergründig politischen Handlungen ein klar erkennbarer, bewusst gesteuerter Inszenierungscharakter innewohnt. Deutlich wird dieser beispielsweise durch die Tatsache, dass der Satz „Ouvrez les portes“, der zu der „Befreiung“ der Theatertruppe aus dem Cloître des Carmes geführt hatte, Teil des Stücktextes zu *Paradise Now* ist, was den spontanen Demonstrationscharakter, der dieses Ereignis umgab, zumindest zu Teilen in Frage stellt.[431] Zudem schien sich die Gruppe deutlich ihrer Wirkung und Öffentlichkeitspräsenz bewusst gewesen zu sein und wusste diese entsprechend zu eigenen Zwecken zu nutzen. „C'étaient en fait de remarquables professionnels, dotés d'un sens aigu des relations publiques. Ils n'oubliaient jamais […] qu'ils étaient en tournée européenne et qu'une équipe de télévision les suivait, filmant leurs faits et gestes.“[432] Man könnte infolgedessen einerseits sagen, dass es sich bei den geplanten Aktionen des *Living Theatre* in Avignon nicht um die von Handke als wahres Straßentheater bezeichnete Form handelte, da eine Kennzeichnung als Theaterereignis gegeben war und zudem vermutlich Teile der Reaktionen des Publikums zum Inszenierungskonzept gehörten. Jedoch stößt man in diesem Bereich auf eine ausgeprägte Grauzone, da viele der beteiligten Zuschauer die Aktionen vermutlich nicht als inszeniert wahrnahmen. Auf diese Weise entwickelten sich selbstläuferartig eine Reihe an spontanen, politischen Äußerungen und Folgehandlungen, wie die von Colombe angestifteten Gegenproteste, welche in der Begrifflichkeit Handkes wiederum als authentisch und gesellschaftlich wirksam gelten dürften.

---

428 Handke 1969, 308.

429 Handke 1969, 310.

430 Siehe Handke 1969, 310f.

431 Siehe Boissien 1995, 24.

432 Boissien 1995, 24.

Die Heterogenität der Motivationslage setzt sich auch in der personellen Zusammensetzung der Zuschauer oder besser Teilnehmer fort, einem Konglomerat aus Demonstranten, die ernsthaft um die Umsetzung politischer Ziele bemüht waren, und neugierigen Sommertouristen. „Parmi les hippies ou prétendus tels, il y a ceux qui, par mode, ont adopté la tenue, le temps d'un été. Il y a aussi, en assez grand nombre au début, ceux qui, en 1968, par une sorte de prise de conscience, décidèrent de changer de vie [...]"[433] Einige Kritiker weisen darauf hin, dass durch die Aufweichung dieser Grenzen in Avignon die Ziele der 68er Bewegung ins Gegenteil verkehrt wurden, da die „von Spektakeln lebende ‚Unterhaltungsgesellschaft', mit der durch die ‚Ereignisse' des Mai hätte gebrochen werden sollen, [...] jetzt erst so richtig Auftrieb"[434] erhielt. In dieser Lesart würde der Sommer in Avignon eher einer Karikatur der Mai-Ereignisse gleichkommen, als deren Spiegel und Fortsatz zu sein. Bei dem in der Folgezeit des Jahres 1968 entstandenen *OFF* schwingt das Wechselverhältnis zwischen Theatralisierung, Politisierung und Jahrmarktstreiben ebenfalls stets mit.

4.2.3.2 Das *OFF* – eine Explosion des Theatralen in den Straßen Avignons

Das *OFF* trat unter dieser Bezeichnung in Avignon erstmals 1971 in Erscheinung. Neben den räumlichen Besonderheiten, auf die im Folgenden näher eingegangen wird, zeichnet es sich dadurch aus, dass dort jedem, ohne Vorauswahl, ein Rahmen für theatrale Aktivitäten jeglicher Art geboten wird. Diese besonders freie Form der Festivalorganisation führt zu einer äußerst heterogenen Zusammensetzung beteiligter Künstlergruppen, bestehend aus teils etablierten Theaterkompanien ganz Europas sowie freischaffenden Artisten, die sich in Avignon eine Plattform erhoffen. Bedient werden jegliche Formen theatraler Genres, von Dramеninszenierungen über Varieté bis hin zu Marionettentheater.[435] Inzwischen ist die Zahl der teilnehmenden Gruppen auf über 700 und die der Auftritte auf mehr als 15000 gestiegen[436], die sich auf den gesamten Stadtraum verteilen und sich in

433 Boissien 1995, 26.

434 Nora 2005c, 545f.

435 Vergleichbar in der Ausrichtung ist *The Edinburgh Festival Fringe*. Siehe hierzu http://www.edfringe.com/, Stand 18. März 2009.

436 Siehe Hahn 2003.

Kleintheatern, privaten Hinterhöfen, Parks, Zirkuszelten und auf den öffentlichen Plätzen und Straßen der Stadt ansiedeln.

Ursprünglich entstand das *OFF* als Gegenbewegung zum offiziellen, institutionalisierten *Festival d'Avignon*, heute jedoch können die beiden Festivals als zwei Komponenten eines Gebildes bezeichnet werden, bei dem das eine ohne das andere kaum noch denkbar wäre. Wie im vorherigen Kapitel herausgearbeitet wurde, kann jedoch in der Entstehungsphase des *OFF* - einer Zeit zahlreicher gesellschaftlicher und kultureller Umbrüche - von einem symbiotischen Verhältnis nicht die Rede sein.

Auf der Basis vorangegangener Ausführungen soll nun die Frage gestellt werden, inwiefern es sich bei dem Aufkommen dieses Gegenfestivals und dessen Raumverständnis um eine direkte Folgeerscheinung der 68er Bewegung handelt. Die prägnanteste Parallele weist die Erschließung öffentlicher Bereiche auf. Es lässt sich auf dieser Grundlage folglich die Vermutung anstellen, dass mittels der Politisierung öffentlicher Räume, die durch die Studenten- und Arbeiterbewegungen erwirkt wurde, dem Theater ein Weg gebahnt wurde, um sich ebenfalls aus den es umschließenden Räumlichkeiten zu befreien und die Stadt zu besiedeln.[437] „Théâtre des interventions, terrain de réappropriation de l'espace public, la rue constitue le carrefour priviligié de rencontre entre differentes formes d'expression artistiques et de contestation."[438] Hinsichtlich der äußeren Form an die Maidemonstrationen erinnernd, gehörten während der Sommermonate spätestens ab 1971 regelmäßige Paraden durch ganz Avignon zum Stadtbild [Abb.16], mittels derer kostümierte Schauspieler auf Straßen und Plätzen für ihre Stücke warben.[439] Diese Form der Aufmerksamkeitserzeugung und zugleich Werbung in eigener Sache ist bis heute in nahezu unveränderter Weise zu beobachten. Jedoch ist als gravierender Unterschied zu verbuchen, dass der Provokationscharakter, der den Prozessionen dieser Art in der Anfangszeit durch die Überschreitung konventioneller Grenzen innewohnte, inzwischen nahezu vollständig

---

437 Dies galt nicht nur für Avignon, in ganz Frankreich entstanden zu dieser Zeit zahlreiche Straßentheatergruppen, die mit den Protesten des Mai 1968 „leur dimension militante, leur idéal d'émancipation égalitaire, que leur caractère polymorphe" (Artous, Epsztajn und Silberstein 2008, 775.) teilten. Mehr Informationen zum Themenbereich der Theatralisierung öffentlicher Räume findet sich beispielsweise bei Chaudoir 2000 und Lachaud 1999.

438 Artous, Epsztajn und Silberstein 2008, 775.

439 Siehe Loyer und de Baecque 2007, 309.

verlorengegangen ist. Anstelle der Politisierung ist somit inzwischen die reine Unterhaltung in Verknüpfung mit dem zwischen den Truppen herrschenden Konkurrenzkampf getreten, sodass man sich eher an ein Jahrmarkttreiben als an eine Demonstration erinnert fühlt.[440]

> C'est une cacophonie plein volume composée des cris des parades théâtrales et des voix proclamées des spectacles de rue, des perpétuels tam-tams de musiciens de fortune, des manifestations des spectateurs occasionnels, mi-touristes mi-badauds, et des sons habituels d'une ville du Sud, mélangée, festive, estivale, parcourue de visiteurs de passage autant que de jeunes banlieusards, de milliers de comédiens comme de dizaines de milliers d'Avignonnais.[441]

Ein weiteres Ausdrucksmittel der 68er Bewegung, das sich das *OFF* zu Nutze machte, ist die raumgreifende Plakatierung und Verbreitung von Flugblättern in der ganzen Stadt, „the instances of anonymous collective creation of wall posters"[442] [Abb.15]. Die heutige, auf der Abbildung aus dem Jahr 2008 dokumentierte massive Ausreizung dieses Ausdrucksmittels nahm in Avignon 1973 ihren Anfang, als erste Schauspielkompanien begannen, alle verfügbaren Mauern, Masten und Häuserwände zu Werbezwecken zu nutzen.[443] Heute gleicht die gesamte Innenstadt zu Festivalzeiten einer einzigen Litfasssäule. Die dadurch herrschende unübersehbare Präsenz theatraler Aktivität legt erneut den Gedanke an eine Stadtübernahme nahe. Die umherziehenden *OFF*-Theatergruppen „wagen sich sogar an die vielen Fahnenstangen entlang der Rue de la République. Nicht Trikoloren hängen schlaff herab, sondern Plakate baumeln übereinander, nebeneinander."[444] Doch nicht nur der theatralen Stadteroberung dient diese Form der Beflaggung, sie ist auch Ausdruck eines teilweise erbitterten Kampfes zwischen den einzelnen Kompanien, die auf diese Weise um die Aufmerksamkeit der Passanten ringen. „Guerre des parades dans

---

440 Dem Vergleich mit einem theatralen Jahrmarkt sieht sich das *OFF* häufig gegenübergestellt, es ist jedoch darüber hinaus in seiner Symbolik an zahlreiche andere Traditionen, wie die des Karnevals, religiöser Prozessionen oder Pilgerschaften angelehnt. Siehe Léonard und Vantaggioli 1989, 37.

441 Loyer und de Baecque 2007, 461.

442 Lebel 1998, 179.

443 Siehe Loyer und de Baecque 2007, 290.

444 Sucher 1985, 1.

les rues, bataille des tracts [...], combat des affiches qui recouvrent la moindre parcelle de poteaux ou de murs dans la ville."[445]

Neben der Übernahme von Ausdrucksformen der 68er Bewegung durch das *OFF* finden sich auch Übereinstimmungen innerhalb diverser programmatischer Zielsetzungen. Zu nennen sind hierbei exemplarisch das Streben nach Selbstverwaltung, das sich in der Eigenverantwortlichkeit der Truppen für die Inhalte und die Wahl des Spielortes niederschlägt, sowie die 68er Parole zur Ausdehnung des Möglichen, die ihren Niederschlag in der Öffnung gegenüber jeder Form künstlerischen Ausdrucks findet.[446]

Begnügt man sich nun auf der Basis all dieser Parallelen mit der Annahme, das *OFF* sei eine lineare Auswirkung und Folge des Jahres 1968, so lässt man außer Acht, dass bereits einige Jahre zuvor Überlegungen bezüglich einer Ausweitung des Festivals auf die gesamte Stadt bestanden. Schon Vilar bemängelte beispielsweise häufig die in seinen Augen zu geringe Stadteinbindung, eine Beschränkung der Aktivitäten auf ausgewiesene Räume sowie eine zunehmende Trägheit bei den Diskussionen im Verger.[447] Einen Beleg hierfür bietet beispielhaft eine Notiz Vilars, die diese Umstände beklagt: „Ah! qu'il est cruel de sortir du château après avoir vu ou joué Shakespeare et de trouver les bistrots clos. Sur la place du Palais ou sur la place de la République, ne peut-on rien organiser tous les soirs de minuit à 2 heures ou 3 heures du matin?"[448] In diesen Zusammenhang passen auch die Bestrebungen Vilars, die Stadt und das Theater ähnlich wie in Zeiten der *polis* zu verbinden: „Vilar a toujours défendu la notion de théâtre politique, du théâtre de la *polis*, de la cité, qui s'adresse à la conscience collective."[449] Sein Mitarbeiter und Nachfolger Paul Puaux äußerte 1967 darauf aufbauend die Vision, „la ville entière doit devenir le lieu du Festival."[450] Die Grundmotivation der Festivalleitung stimmte somit weitestgehend mit jenen der *OFF*-Begründer überein. Diese waren hingegen der Meinung, das Festival Vilars sei von zu

---

445 Loyer und de Baecque 2007, 462.

446 Weitere Informationen über die Zielsetzungen der 68er Bewegung finden sich bei Gilcher-Holtey 2001, 87ff.

447 Siehe Loyer und de Baecque 2007, 241.

448 Das Zitat entstammt einer Notiz Vilars aus dem Archiv des *Maison Jean Vilar*, zitiert nach Loyer und de Baecque 2007, 84.

449 Léonard und Vantaggioli 1989, 11.

450 Loyer und de Baecque 2007, 241.

großer räumlicher und personeller Exklusivität, was sich unter anderem aus dem von André Benedetto veröffentlichten Manifest aus dem Jahre 1966 herauslesen lässt, das als eines der Gründungsdokumente des *OFF* gesehen werden kann.[451] Aus diesen dem Jahr 1968 vorangegangenen Kontroversen erklärt sich, dass Benedetto und seine Mitstreiter sich in der Rückschau gegen die These aussprachen, das *OFF* sei eine Spätfolge der Ereignisse jenes Jahres. Bei der Erstellung kausaler Zusammenhänge zwischen den Ereignissen von 1968 und der *OFF*-Entstehung forderte André Benedetto daher eine gegenläufige Lesart. Anstelle der Bezeichnung des *OFF* als Folge der Studenten- und Arbeiterbewegung vertrat er, wie dies bei Léonard und Vantaggioli zu lesen ist, den Standpunkt, viele der politischen Aktionen dieses Jahres hätten auf den zuvor bereits bestehenden Vorläufern des *OFF* aufgebaut und sich deren Ausdrucksformen bedient.

> Mais ça a commencé bien avant 68! Bien qu'il soit tentant de le penser, le Off n'est pas un produit de 68. N'est pas né du choc de l'Institution et de la Contestation. [...] Ce serait plutôt l'inverse. Oui, d'une certaine manière, le meilleur de 68 serait plutôt un produit du Off naissant ici et ailleurs [...].[452]

Durch die starke persönliche Befangenheit Benedettos - der als einer der Begründer des *OFF* gilt und somit quasi von eigenen Verdiensten spricht - ist seine Aussage nicht wie die eines außen stehenden Kritikers zu bewerten. Dennoch wird bei Berücksichtigung des Gedankengangs deutlich, dass die Zusammenhänge nicht allzu linear verstanden werden dürfen und Ursache und Wirkung im Falle einer Bewegung wie der des Jahres 1968 aus einem komplexen Gefüge wechselseitiger Beziehungen bestehen. Vermittelnd zwischen beiden Positionen könnte man von einer Art Zeitgeist sprechen, aus dem beide Phänomene erwuchsen, von einem „climat de la société de cette époque où le droit, l'envie, le besoin, la nécessité de créer appartiennent soudain à tous. Une soif d'expression et de créativité."[453] Unbestritten bleibt jedoch trotz aller Vorboten und der Gegenstimme Benedettos, dass das Jahr 1968 als eine Art Zündfunke und Brandbeschleuniger für die explosionsartige Umsetzung und Verbreitung der Ideen der *OFF*-Initiatoren fungierte.

---

451 Siehe Loyer und de Baecque 2007, 308.

452 Benedetto, zitiert nach Léonard und Vantaggioli 1989, 12.

453 Léonard und Vantaggioli 1989, 40.

Unabhängig von der Frage nach den Entstehungskausalitäten soll nun noch einmal auf den bereits im Kontext der Festivaltopographie geschilderten Aspekt räumlicher Streuung und Verbreitung des *OFF* im städtischen Raum zurückgekommen werden, der sich aufgrund aller genannten Aktionen und Ausprägungsformen als Hauptcharakteristikum herausheben lässt. Die bespielten Orte liegen so eng beieinander, dass diese sowie die dort stattfindenden Aufführungen weniger als Einzelelemente, sondern vielmehr in ihrer den gesamten Stadtraum einschließlich der Außenbereiche einnehmenden Dichte und Gesamtheit wahrgenommen werden.[454] „Le lieu unique est devenue la ville intra-extra-muros et ses environs mêmes. Le spectacle aux cent actes divers se déploie sans interruption nuit et jour pendant des semaines."[455] Ebenso charakteristisch wie das Wechselspiel zwischen Gesamt- und Einzelereignis ist bezüglich der Raumaneignung des *OFF* dessen Gleichzeitigkeit von massiver Präsenz und Flüchtigkeit. Die meisten Spielorte weisen sich vorrangig durch ihre rasche, improvisierte Etablierung und ebenso schnelle Demontierung und Neubesetzung aus. Die provisorisch befestigten Plakate, die innerhalb kürzester Zeit von anderen überdeckt oder abgehängt werden, unterstreichen die Rastlosigkeit ebenso wie die stets umherziehenden Schauspielerparaden. Im Gesamteindruck manifestiert sich aber gerade in dieser Vielzahl an flüchtigen und nicht zu verortenden Einzelereignissen der Eindruck der festen, unabwendbaren Verwurzelung im gesamten Stadtraum. [456] Der dabei entstehende und sich unablässig wandelnde „jungle urbaine"[457] verlangt sowohl Festivalbesuchern als auch Stadtbewohnern die Bereitschaft und Fähigkeit ab, sich durch diesen sogenannten Dschungel eigene, flexible Wege zu bahnen und sich stets neu zu orientieren.

---

454 In Folge der Entstehung des *OFF* siedelten sich rund um Avignon weitere kleinere Festivals an, wie beispielsweise das auf der anderen Rhôneseite gelegene *Villeneuve en scène.* Siehe http://www.villeneuve-en-scene.fr; Stand 20. März 2009.

455 Léonard und Vantaggioli 1989, 11.

456 Einschränkend muss dazu jedoch angemerkt werden, dass nach der Einschätzung von Léonard und Vantaggioli die Tendenz zunehmend hin zu einer Institutionalisierung der Spielorte geht, was dem ursprünglichen Konzept des *OFF* entgegenwirkt. „Le mythe des garages, caves et greniers tient toujours car cela amuse le touriste, mais ceci est de moins en moins vrai." (Léonard und Vantaggioli 1989, 59.)

457 Loyer und de Baecque 2007, 310.

> Ne règne ni le chaos de la ville sans repères, ni le balisage strict de la ville-musée, car il s'agit d'une ville dont la configuration est à géométrie variable. A travers les mailles du grimoire urbain, une structure se laisse deviner, mais c'est à chacun de la déceler et d'en décider l'usage.[458]

Auf diese Weise entsteht ein großes und vielfältiges Angebotsspektrum, das einerseits zu freien Wahlmöglichkeiten und somit zu einer individuellen Gestaltung des Festivalaufenthaltes verhilft, andererseits jedoch auch eine Grenzverwischung begünstigt, in Folge derer die Differenzierung zwischen bewussten und eigenständig gefällten Entscheidungen und solchen, die als Reaktion auf manipulative Reizüberflutung zustande kommen, nur noch schwerlich vorzunehmen ist. Zudem werden auf diese Weise auch Menschen in das Festival integriert, die dies selbst nicht beabsichtigen, wodurch, besonders was die Bevölkerung Avignons betrifft, eine Grenzüberschreitung zwischen öffentlich-theatralem und privatem Raum stattfindet. Mit dieser Überlagerung und deren Auswirkungen wird sich das folgende Kapitel befassen.

4.3 Die Theatralisierung privater Räume

Die Untersuchungen bezüglich der Theatralisierung öffentlicher Räume haben eindeutig ergeben, dass die Stadt Avignon in ungewöhnlich hohem Maße in das dort stattfindende Festivaltreiben mit einbezogen wird. Diese Involvierung kann, wie sich im Laufe der Ausführungen gezeigt hat, am eindrücklichsten anhand des gesteigerten Grades an räumlicher Durchwirktheit und Verwobenheit von Stadt- und Festivaltopographie sichtbar gemacht werden. Im Anschluss an diese Beobachtung drängt sich die These auf, dass infolgedessen eine eindeutige Trennung zwischen öffentlichen und privaten Räumen kaum mehr existieren und aufrecht erhalten werden kann. Das folgende Kapitel widmet sich daher der Frage nach den Grenzen sowie Grenzüberschreitungen zwischen den Festivalbereichen und den privaten Räumen der Avignonesischen Bevölkerung. Wird im Folgenden von privaten Räumen die Rede sein, schließt dies sowohl die wörtliche Bedeutung in Form einer Begrenzung persönlichen Wohnraums mit ein, als auch die übertragene Ebene privater Freiräume eigener Persönlichkeit. Um jedoch überhaupt von der Überschreitung einer Grenze pri-

---

458 Banu 1996, 28.

vater Räume sprechen zu können, muss zunächst über deren Verortung nachgedacht werden. Bei dem Versuch, eine solche vorzunehmen, fällt auf, dass dies in eindeutiger Form letztlich nicht möglich ist, da sich Privatheit und Öffentlichkeit heute ohnehin stark durchdringen und überschneiden. Diese Schwierigkeit, eine klare, abgrenzende Definition von Privatheit und Öffentlichkeit zu formulieren, macht deutlich, dass es sich bei diesen Kategorien nicht um naturgegebene Grundkonstanten, sondern vielmehr um gesellschaftlich konstruierte Einteilungen handelt. Daher wird der Betrachtung der Grenzen und Grenzüberschreitungen im Fall Avignons eine skizzenhafte Annäherung an die Begrifflichkeiten Öffentlichkeit und Privatheit vorangestellt. Ohne den Anspruch auf Vollständigkeit oder die ausführliche Ausleuchtung diverser Gesellschaftsverhältnisse werden auf diese Weise schlaglichtartig einige Entwicklungen nachgezeichnet.

4.3.1 Eine Annäherung an die Begriffe von Privatheit und Öffentlichkeit

Das Phänomen Öffentlichkeit, heute untrennbar mit der Alltagswelt verknüpft, ist, wie bereits angedeutet, keineswegs als naturgegebene oder anthropologische Grundkonstante zu betrachten. Ein genauer Zeitpunkt der Entstehung des Öffentlichkeitsbegriffs ist schwer zu ermitteln, es lässt sich jedoch rekonstruieren, dass der Terminus in vergangenen Epochen starken Bedeutungsschwankungen unterworfen war.

Wirft man beispielsweise einen Blick auf das frühe Mittelalter, so wird deutlich, dass die - wie in Avignon - meist von Mauern umgebenen Städte zwar nach außen hin abgeschirmt, innerhalb der Umgrenzung jedoch von größerer Durchlässigkeit waren, als dies heute der Fall ist. Eine Abgrenzung rein privater Bereiche war in den meisten Schichten daher nicht gegeben. Öffentliches und gesellschaftliches Lebens fand größtenteils in frei zugänglichen Bereichen der Stadt wie dem Marktplatz und anderen weltlichen und religiösen Zentren statt.[459] Einen Einschnitt in der Entwicklung des Öffentlichkeitsbegriffs verknüpft Sennett mit dem Aspekt der Begegnung mit dem Fremden, woran er einen gesellschaftlichen Wandlungsprozess festmacht, im Zuge dessen

> die Welt außerhalb der unmittelbaren Umgebung und der persönlichen Loyalitäten [...] bewußt definiert [wird], und dank dem gemeinsamen Glaubhaftigkeitskodex wird es zum Ver-

---

459 Siehe Eckel 1998, 34f.

gnügen, sich inmitten unterschiedlicher sozialer Verhältnisse und Gruppen von Fremden zu bewegen.[460]

Nach Auffassung Eckels ist dieser Begriffswandel an den Zeitpunkt gebunden, ab dem die Möglichkeit bestand, dass „Menschen sich - unabhängig von ihren häuslichen und familiären Bedingungen - begegnen, die einander unbekannt sind und deren Verhalten nicht eindeutig einzuschätzen ist."[461] Den Ansätzen Sennetts und Eckels liegt der Konsens zu Grunde, dass Öffentlichkeit in Abgrenzung zu Privatheit erst entstehen kann, sobald ein Teil des Lebensmittelpunktes aus dem Herkunftsradius - bestehend aus einer bekannten und vertrauten personellen sowie räumlichen Umgebung - ausgelagert wird. Begünstigt wurde die Initiierung eines solchen Wandlungsprozesses unter anderem durch die auf die Arbeitsteilung zurückführbare Unterscheidung von Arbeitsplatz und Heim.[462]

Ab dem 18. Jahrhundert bildete sich eine neue Tendenz bezüglich der Nutzung öffentlicher Räume heraus. Vermutlich aufgrund des einschneidenden Gesellschaftswandels, wie das rasch aufkommende Bürgertum, machte sich eine Verunsicherung bezüglich der eigenen gesellschaftlichen Verortung bemerkbar. Dies führte unter anderem zu einer Selbstinszenierung der Menschen im öffentlichen Raum[463], der nunmehr dafür genutzt wurde, um sich zu einer „Figur in einer Kunstlandschaft"[464] zu machen und ein Selbstbild von sich zu entwerfen und zu präsentieren, das gegebenenfalls nicht dem eigentlichen Lebenswandel entsprach.[465] Als Folge davon fand eine Verselbstständigung äußerer Zeichen statt, die bislang als Anhaltspunkte und Regeln für den Umgang untereinander gedient hatten.[466] Dieser Form öffentlicher Selbstdarstellung lag ein stark performativ geprägter Charakter zugrunde. Bewusst können auf diese Weise in Form stilisierten

---

460 Sennett 1983, 54.

461 Eckel 1998, 35f.

462 Als Folge dieser Entwicklungen entstand in der Renaissance in flächendekkender Ausbreitung das Privathaus. In der Zeit des Barock diente der Stadt-Raum vornehmlich der Etablierung absolutistischer Repräsentationsbedürfnisse. Nähere Ausführungen zur historischen Entwicklung des Öffentlichkeitsbegriffes siehe Eckel 1998, 36-43.

463 Diese artikulierte sich unter anderem in Kleidungsstil, Gestik und Umgangston. Siehe Eckel 1998, 45.

464 Sennett 1983, 88.

465 Siehe zu diesem Thema auch Veblen 1997.

466 Siehe Eckel 1998, 45.

Verhaltens gezielte Ausschnitte der eigenen Persönlichkeit preisgegeben und andere dem privaten Bereich vorbehalten werden. Als Gegengewicht und Reaktion auf diese Form exaltierter Selbstdarstellung sowie spielerischer Selbstdistanz entwickelte sich im Laufe des 20. Jahrhunderts ein zunehmender Rückzug in die Intimität und Privatheit. Sennett verknüpft diese Tendenz mit gesellschaftlichen und historischen Entwicklungen wie dem Kapitalismus, der Säkularisierung und der zunehmenden Individualisierung, die seiner Meinung nach mit diesen Tendenzen im Wechselverhältnis standen.[467]

Antoine Prost und Gérard Vincent nähern sich der Transformation des Verhältnisses zwischen Privatheit und Öffentlichkeit - wie die vorliegende Arbeit auch - über den Weg der Raumbetrachtung. „Die Geschichte des privaten Lebens ist zunächst einmal die Geschichte des Raumes, in dem es sich abspielt."[468] Die Entstehung einer deutlich als solche erkennbare Privatsphäre im 20. Jahrhundert führen sie infolgedessen auf die „Eroberung des häuslichen Raums"[469] zurück. Es bedarf hierbei jedoch, so Prost und Vincent, einer Einschränkung, da trotz allem durch die räumlich stark beengten Wohnverhältnisse in den meisten Häusern Frankreichs, mit Ausnahme beim gehobenen Bürgertum, in der ersten Hälfte des 20. Jahrhunderts an eine individuelle Privatsphäre nach wie vor nicht zu denken war:

> Die Mauer der Privatheit schirmte zwar den häuslichen Bereich gegen den öffentlichen ab, [...] [hinter] dieser Mauer jedoch fehlte es [...] an Platz, jedem Mitglied der Gruppe seinen eigenen privaten Raum zuzugestehen: Privatheit war nichts anderes als gruppeninterne Öffentlichkeit.[470]

Erst etwa ab den 60er Jahren war eine Ausdehnung der Wohnfläche bei vielen Familien Frankreichs zu beobachten, die erstmals auch dem Einzelnen den Rückzug ins Private ermöglichte. „Es ist nicht übertrieben, die in den Wohnverhältnissen der meisten Franzosen eintretende Veränderung als Revolution zu bezeichnen. In der modernen Wohnung, bestehend aus mehreren [...] Zimmern [...], kann jedes Familienmitglied seinen eigenen Raum behaupten."[471]

---

467 Siehe Sennett 1983, 366f.

468 Prost und Vincent 1993, 63.

469 Prost und Vincent 1993, 64.

470 Prost und Vincent 1993, 73.

471 Prost und Vincent 1993, 76.

In der heutigen Zeit ist es durch die Heterogenität der Lebensformen schwerer denn je, eine eindeutige Trennlinie zwischen Privatheit und Öffentlichkeit zu lokalisieren. Nicht zuletzt Fernsehformate wie *Big Brother* tragen dazu bei, dass die beiden Bereiche immer schwimmender ineinander übergehen. In dem genannten TV-Format drängt sich beispielsweise das scheinbar private Leben einzelner Menschen auf medialem Wege in den öffentlichen Raum, sodass dieser in gewisser Weise ungefragt privatisiert wird.

An dieser Stelle lässt sich der Bogen zum avignonesischen *OFF* und seinen Vorläufern schlagen, da auch im Fall der ausgestellten Nacktheit auf Straßen und Plätzen bei den Aktionen des *Living Theatres* scheinbar privates Leben in den öffentlichen Raum verlegt wurde. Kann hierbei sowie bei zahlreichen *OFF* Aufführungen der Folgezeit bis heute von einer Privatisierung der Öffentlichkeit gesprochen werden, so ist im Fall Avignons zudem auch die gegenläufige Bewegung zu beobachten: das Eindringen von Öffentlichkeit in private Räume. Durch die Bespielung und Theatralisierung der gesamten Stadt bis hin zu den Privathöfen und -häusern, die während der Sommermonate zu Theaterbühnen werden, wird die Immunität privater Räumlichkeiten untergraben, wie das folgende Kapitel zeigen soll. Im Kontext der oben gemachten Ausführungen, aus denen ersichtlich wurde, dass in den 60er Jahren erstmals flächendeckend die Möglichkeit zu individuellem Privatraum erwirkt wurde, erscheint die Entstehung des *OFF* und die damit verbundene Nivellierung eben jener Errungenschaft in einem noch brisanteren Licht.

4.3.2 Die Grenzen zwischen privatem und öffentlichem Raum in Avignon - zur „Unentrinnbarkeit" vor dem Theatralen

Bereits in den ersten Jahren des Festivals war durch Jean Vilar der enge Bezug zu den in Avignon lebenden Menschen konzeptionell verankert. Der daraufhin entstandene direkte Kontakt, der aus Zuschauern Teilnehmern machte, wurde in der Anfangszeit beidseitig bereitwillig eingegangen.[472] Diese Offenheit wirkte sich auch damals schon auf den privaten Wohnraum aus, den seit 1947 zahlreiche avignonesische Bürger zur Beherbergung von Schauspielern zur Verfügung stellten.[473] Es darf jedoch nicht vergessen werden, dass die durch das Festival als Spielstätten okkupierten Bereiche sich zu die-

472 Siehe Wehle 1991, 48.

473 Siehe Puaux 1983, 68.

sem Zeitpunkt noch auf den Papstpalast und dessen unmittelbare Umgebung beschränkten. Zudem kann die Unterbringung einzelner Künstler gegebenenfalls noch als Schaffung zusätzlicher Rückzugsorte und somit als Ausweitung von Privatsphäre bezeichnet werden.

Spätestens mit Aufkommen des *OFF* und der damit verbundenen Belagerung aller Bereiche - wie beispielsweise durch die ungefragte Verwendung privater Häuserwände zu Werbezwecken [Abb.17] - schlug die anfänglich rein freiwillige und nach eigenem Ermessen dosierbare Beteiligung und Integration in das Geschehen in eine unfreiwillige Teilnahme durch (räumliche) Unentrinnbarkeit um. Man kann folglich in pointierter Weise sagen, dass der erste Schritt der Stadttheatralisierung, bestehend aus der Bespielung historischer Gebäude, noch eher einer Einladung gleichkam, während die flächendeckende Eroberung öffentlicher und privater Bereiche einem Befehl zur Mitwirkung entspricht. Die Vermietung privater Räumlichkeiten zu Aufführungs- und Unterbringungszwecken verblieb zwar selbstverständlich auch nach Entstehung des *OFF* auf freiwilliger Basis, durch die explosionsartige Raumvereinnahmung war aber seither zumindest eine Modifizierung privaten Verhaltens vonnöten.

Es kann jedoch nicht von vornherein davon ausgegangen werden, dass die dadurch zustande kommende Verschränkung öffentlicher und privater Räume gegen den Willen der Stadtbürger vonstattengeht. Vielmehr muss klar differenziert werden zwischen jenen Bewohnern beziehungsweise Beteiligten, die sich durch die entstehenden Grenzverschiebungen und -überschreitungen zwischen privatem und öffentlichem Raum gestört fühlen, und denen, die diese Entwicklung begrüßen, sich aktiv an dem Festivalgeschehen beteiligen oder dessen Auswirkungen zu ihrem Vorteil nutzen.

Zu jenen Stadtbewohnern, welche die intensive Involvierung des eigenen Lebensraums als positiv einstufen, zählt Marie Dulcamara, eine Avignoneserin, die auch noch in Zeiten des *OFF* den Charakter des gemeinsam gefeierten Festes als zentrales Merkmal hervorhebt und daher ihr Haus, ähnlich der Gastfreundschaft der ersten Jahre, bereitwillig zur Beherbergung von Schauspielgruppen öffnet. Glasberg berichtet: „Un jour Jean-Claude Pinchenat, du théâtre du Campaniol, téléphone. Il ne trouvait pas de chambre à l'hôtel [...]. Il jouait le rôle de Louis XIV dans une pièce de Mnouchkine, alors elle [Dulcamara] lui dit: 'Si Louis XIV veut bien dormir au grenier, il sera le bienvenu!'"[474]

Weniger aus ideellen als aus materiellen Gründen stellt hingegen beispielsweise das Ehepaar Patrick und Nancy Maréchal jährlich seine Boutique in der Rue des Teinturiers für *OFF*-Kompanien zu Aufführungszwecken zur Verfügung. „Dès les premiers jours de juillet, changement de décor, la boutique et l'atelier se transforment en théâtre de poche."[475] Vergleichbar mit dem hier exemplarisch herausgegriffenen Fall entsteht nach ähnlichem Muster in der gesamten Stadt - auch außerhalb der sichtbaren Plätze und Straßen - eine unüberschaubare Vielzahl an Theaterorten, die Avignon wie ein feingliedriges Adergeflecht durchziehen. Aus der Vermietung eigener Räumlichkeiten als Spielstätten oder Unterkünfte entwickelte sich nach und nach ein regelrechter Markt, der sich inzwischen teilweise sogar in soweit verselbständigt hat, dass Räume angemietet werden, um diese im Anschluss zu höheren Preisen weiterzuvermieten.[476] Léonard und Vantaggioli formulieren dieses Phänomen folgendermaßen:

> Un marché des salles commença à s'ouvrir, une micro-économie parallèle se mettait en place petit à petit. L'offre et la demande déterminant le montant des loyers, cela provoqua la prolifération de lieux nouveaux ouverts par certains propriétaires probablement attirés par une rentabilité potentielle.[477]

Dies führt unter anderem dazu, dass Spielorte im Zweistundentakt vergeben werden, sodass häufig bereits während des Schlussapplauses im Hintergrund die Kulissen abgebaut werden. Entwicklungen wie dieser ist es geschuldet, dass das *OFF* heute häufig auf seinen Jahrmarktcharakter reduziert wird, auf seinen „esprit mercantile du capitalisme et à la marchandisation de la culture."[478] Diese Tendenz erweist sich besonders vor dem Hintergrund der Entstehungszeit des *OFF* als paradox, da sich dieses gerade gegen jene Tendenzen der Kulturvermarktung, die es dem offiziellen Festival Vilars vorwarf, abzusetzen versuchte.[479]

---

474 Glasberg 1990, 100.

475 Glasberg 1990, 94.

476 Siehe Glasberg 1990, 994.

477 Léonard und Vantaggioli 1989, 58.

478 Artous, Epsztajn und Silberstein 2008, 777.

479 Siehe Kapitel 4.2.3.1 dieser Arbeit.

Bei einer Verkürzung auf die materielle Ebene vernachlässigt man jedoch andere Effekte, die durch die Durchdringung privater und öffentlicher Räume entstehen. Eine wichtige Auswirkung ist beispielsweise hinsichtlich des Verhältnisses von Individualität und Kollektiv zu beobachten. Positiv betrachtet kann die Eliminierung der Grenzen privater Wohnräume zu einer Steigerung des Gemeinschaftsgefühls führen.[480] Eckel beschreibt diesen Vorgang als

> [...] schlichte Demonstration eines situativen Lebensgefühls; um das Erlebnis des ‚wir sind gut zueinander und fühlen uns gut miteinander'. Die Komplexität der individualisierten Welt wird für Stunden (oder Tage) auf eine einfache und sinnlich erfahrbare Botschaft eingedämmt und so zeitweilig ausgeblendet.[481]

Lässt man sich folglich darauf ein, seine privaten Grenzen für die Zeit des Festivals aufzuheben, bietet sich die Gelegenheit zu menschlicher Gemeinschaft und Nähe:

> Proximité par la configuration des salles en général, mais également proximité du public qui croise les acteurs dans la rue, au restaurant, dans d'autres salles. Une vie collective, dans une ville, qui au-delà du mythe de Vilar, serait comme un immense théâtre en rond.[482]

Unter dem Deckmantel der Kollektivität entsteht auf diese Weise die Möglichkeit, sich zwar in der Öffentlichkeit zu bewegen, jedoch ohne die sonst damit verbundene Verpflichtung einzugehen, sich dort als Individuum zu behaupten und von anderen abzugrenzen. Im Zuge dessen und durch die Raumstruktur des Festivals wird aus der heterogenen Stadt, bestehend aus unterschiedlichsten privaten Parzellen und verschiedensten Gesellschaftsschichten, eine Masse an Gleichgesinnten, die sich gemeinsam in der Festivalstadt bewegen. Das Wort „kollektiv" in seiner Ursprungsbedeutung - aus dem Lateinischen *colligere* für „zusammensuchen" oder „zusammenfügen" - beschreibt dieses Phänomen in treffender Weise, wie auch aus den Ausführungen Eckels hervorgeht:

---

480 An dieser Stelle bietet sich ein Rückbezug auf die in Kapitel 4.1.3 angeführten Thesen Maurice Halbwachs' zur Gemeinschaftsbildung durch kollektive Erinnerung an.

481 Eckel 1998, 166.

482 Léonard und Vantaggioli 1989, 76.

> Das Bad in der Menge, wo alle Menschen gleichen vorgegebenen Aktivitäten nachgehen, die Flut der Eindrücke und der künstlich erzeugten Erlebnisse eliminieren jeglichen Entscheidungs- und Individualisierungsdruck. Dort trifft man sich unter seinesgleichen, jedenfalls werden individuelle Differenzen unsichtbar. Man ist unter Menschen, ohne jedoch selber wirklich öffentlich zu werden.[483]

Bei der genannten Form der Kollektivbildung wird kein Unterschied zwischen Bewohnern der Stadt und deren zeitweiligen Besuchern gemacht, wovon unter anderem viele Touristen profitieren, die nicht eigens für das Festival angereist sind. Avignon eignet sich folglich nicht nur durch seine topographische Lage ausgesprochen gut als Urlaubsetappe, sondern auch aufgrund der ungewöhnlichen Durchlässigkeit und Offenheit während der Festivalzeit, „la diversité des activités festivalières mêlées à celles des vacances au soleil provençal“[484]. Die Tendenz, die gesamte Stadt unter das Motto kultureller Begegnung und Gemeinschaftsbildung zu stellen, zeichnete sich, wie bereits ausgeführt, schon in den späten 60er Jahren ab. Zu diesem Zeitpunkt betitelte der damalige Kulturminister André Malraux Avignon in seiner Gesamtheit als „Haus der Kultur“: „Il n'y a pas de Maison de la culture à Avignon puisque la ville d'Avignon est en elle-même une Maison de la culture.“[485] Aufgrund dieser Aussage wird deutlich, dass die bislang als sehr positiv beschriebene Gemeinschaftsbildung im gleichen Zuge den Bewohnern auch die Entscheidungsfreiheit entzieht, ob sie mit Kultur in Kontakt treten wollen oder nicht, was sich in dem von Solis formulierten Motto „Si vous n'allez pas au théâtre, le théâtre ira à vous“[486] widerspiegelt. Forciert wurde diese Vorgehensweise unter anderem durch Ariane Mnouchkine und der von ihr gegründeten Theatergruppe *Théâtre du Soleil.* Bei einigen Avignonesischen Projekten unternahmen diese den Versuch, sozial benachteiligte Stadtviertel und Personenkreise gewissermaßen durch „räumliches Entgegenkommen“ in das theatrale Geschehen mit einzubeziehen.

> Il y a aussi une [...] jeunesse qui, elle, ne va pas au Festival. C'est le Festival qui doit aller à elle: dans les zones où l'on n'attend plus rien. Ariane Mnouchkine déplaçant la baraque

483 Eckel 1998, 166.

484 Loyer und de Baecque 2007, 307.

485 Loyer und de Baecque 2007, 244.

486 Solis 2008, 1.

scintillante de ses 'clowns' sur les stades des quartiers périphériques, Phillippe Avron et Claude Evrard menant leur duo fraternel dans les banlieues, [...]le groupe Ilotopie 'réhabilitant' provisoirement les appartements d'une HLM désaffectuée avec des scènes poétiquement extravagantes, tous ceux-là ont, pour l'honneur d'Avignon, donné à voir, à réfléchir, à rêver à ceux qui n'ont ni la parole ni l'espérance.[487]

Auf diese Weise und durch die Grundidee des Festivals, welches sich von Beginn an ein populäres Theater für jedermann auf die Fahnen geschrieben hatte, wurde in Avignon vielen Menschen erstmalig die Möglichkeit geboten, an kulturellen Aktivitäten teilzuhaben. Die dadurch entstehende Frische und Unvorbelastetheit sieht Barthes als Bonus des avignonesischen Festivalpublikums an, das sich mit großer Neugierde die Räume und Stücke erschloss.[488] Man kann den missionarischen Charakter dieser Projekte jedoch ebenso als Übergriff auf die Privatsphäre der Bewohner Avignons deuten. An diesem Punkt kann erneut der Bogen zu den Ereignissen des Jahres 1968 geschlagen werden, im Rahmen derer ebenfalls zahlreiche Aktionen so konzipiert waren, dass die Menschen dort aufgesucht wurden, wo sie sich im Alltag aufhielten, anstatt sie an einen bestimmten Ort bewegen zu wollen, „aller chercher le public là où il se trouve: l'agit-prop, le *happening,* et le théâtre radical."[489]

Gewissermaßen als Kehrseite der Medaille von solcherlei als identitäts- und gemeinschaftsstiftend konzipierten Projekten, kann die damit verbundene räumliche und personelle Einflussnahme und die Durchdringung privater Grenzen gegebenenfalls auch einen Verlust an Persönlichkeitskonturen mit sich bringen. Léonard und Vantaggioli verwenden das Bild eines „[...] labyrinthe où l'on se perd parfois, à la recherche de soi."[490] Die Entgrenzung und Eroberung privater Räume macht somit auch nicht vor den Grenzen zwischen dem Selbst und dem Anderen halt, wodurch die in dem Zitat benannte Suche nach sich selbst erschwert wird. Judith Malina benannte diese Form der zwischenmenschlichen Grenzüberschreitung als eines ihrer programmatischen Ziele. „For me, very personally, the goal is to diminish the difference between public and private utterance, between what I

---

487 Lerrant 1996, 99.

488 Siehe Barthes 2002, 80.

489 Artous, Epsztajn und Silberstein 2008, 776.

490 Léonard und Vantaggioli 1989, 75.

would say to you in our most private moment and what I would say in public."[491]

Durch die geschilderte Untrennbarkeit von städtischem Raum und theatraler Aktivität auf verschiedensten Ebenen fällt es zudem häufig schwer, performative von alltäglichen Handlungen zu unterscheiden.[492] Dies führt soweit, dass nicht nur bei Theaterereignissen die Überlegung angestellt werden muss, ob es sich um ein inszeniertes Ereignis handelt oder nicht, sondern dass auch Alltagsgeschehnisse – wie dem extravaganten Erscheinungsbild eines Passaten oder einem Streitgespräch im Café – unmittelbar theatrale Herkunft und Inszeniertheit unterstellt werden. Es findet folglich eine Umdeutung öffentlichen Verhaltens statt, im Zuge derer in anderen Kontexten als alltäglich empfundenen Begebenheiten der Stempel des Theatralen auferlegt wird. Nicht nur private Räume werden folglich in Avignon theatralisiert, sondern letztlich sogar privates Verhalten und Persönlichkeitsmerkmale wie beispielsweise der Kleidungsstil. Henrichs hierzu:

> In Avignon ist jeder ein Schauspieler, ob er will oder nicht. Denn die Stadt selber ist während ihres Festivals, im heißen Sommer des Vergnügens, ein einziges großes Schauspiel – eine Stadt voller grandioser Kulissen und Bühnen, ein Labyrinth der Auftritte und Abgänge.[493]

Nach der Definition Erika Fischer-Lichtes entsteht eine theatrale Grundsituation, „wo immer einer als Akteur dem anderen als Zuschauer gegenüber tritt, um sich von ihm bei seinen Handlungen zuschauen zu lassen."[494] Im Fall der Theatralisierung privater Räume in Avignon werden die Stadtbewohner ungefragt und teilweise auch unfreiwillig zu Akteuren und Zuschauern gemacht, was die Eroberungsthese stützt.

Um eine Klammer um die Ausprägungen räumlicher und personeller Eingriffe und Grenzverschiebungen zu setzen, kann man zusammen-

---

491 Rosenthal 1998, 152.

492 Laut Lebel verwirklichte die 68er Bewegung die avantgardistische Vision, das Leben in die Kunst zu überführen. Siehe hierzu Lebel 1998, 180. Für weitere Informationen über diverse Strömungen, bei denen die Grenzen zwischen Kunst und Leben verschwimmen, unter anderem den Dadaismus und den Surrealismus sowie die aufkommende Performancekunst siehe Artous, Epsztajn und Silberstein 2008, 776.

493 Henrichs 1985, 3.

494 Fischer-Lichte 1997, 986.

fassend von einer Überschreitung jeglicher Grenzen mit dem Ziel der Gleichstellung aller sprechen. „Le théâtre de rue cherche à déplacer la rupture entre scène et salle (dedans/dehors, in/off, culture élitiste/populaire, lieu ou bien privé/public), en effaçant les frontières entre les rôles (spectateur/acteur, amateur/professionnel)."[495] Die hier von Artous, Epsztajn und Silberstein beschriebene Entgrenzung basiert jedoch nicht auf einem demokratischen Prinzip, sondern auf der räumlichen und personellen Vereinnahmung ganz Avignons mit Mitteln des Theaters, ohne die Schaffung realer Wahlmöglichkeiten.

Zur Veranschaulichung des theatralen Eroberungsgrades soll abschließend ein kontrastierender Blick auf die Stadt während und außerhalb der Festivalzeit dienen. Denn kennt man Avignon lediglich während der Sommermonate und besucht die Stadt daraufhin einmal im Winter, kann gegebenenfalls der Eindruck entstehen, man habe sich verirrt. Ruhige, unbelebte Straßen und Plätze sowie ein raues Klima erwarten einen ebenso wie ein im Vergleich zur sommerlichen Vielfalt drastisch reduziertes kulturelles Angebot. Dieser Kontrast verifiziert somit auf einer weiteren Ebene die vielfach überprüfte These: das Festival macht aus Avignon im Sommer eine andere Stadt. Zwischen diesen beiden Städten, räumlich identisch, zeitlich jedoch separiert, besteht eine Koexistenz, die nicht in eine Einheit überführt werden kann, bei der aber heute keine der beiden mehr ohne die andere existieren zu können scheint. Über eine Aufspaltung der Stadt in private und öffentliche Bereiche hinaus kann daher auch eine zeitliche Einteilung vorgenommen werden, die den Sommer als Zeit des Öffentlichen und den Winter als Zeit des Privaten ausweist. Banu formuliert dies folgendermaßen:

> Ces deux villes, la ville d'origine et la ville intermédiaire, ne sont pas jumelles et leurs cartes ne se confondent pas. Elles cohabitent, mais il n'est pas sûr que le festivalier aguerri se reconnaisse aisément dans un Avignon hivernal, de même que l'habitant de la ville ne servira pas forcément de guide qualifié pour un spectateur estival égaré. [...] Entre la ville qui dure et la ville qui passe, un entrelacs se noue et le plaisir provient aussi du trouble que cette disjonction procure.[496]

Auch die drastische Schilderung einer avignonesischen Bürgerin, die den Zeitraum in direktem Anschluss an das Festival beschreibt, un-

---

495 Artous, Epsztajn und Silberstein 2008, 776.

496 Banu 1996, 20.

termauert diesen Kontrast. Die Stadt sei im Winter ein verlassener und ausgestorbener Ort, der nach der Phase sommerlicher Lebendigkeit mit dem Weggang der Schauspielgruppen und der Besucher - wie sie es ausdrückt - zum Sterben verurteilt ist:

> [...] lorsque le Festival s'arrête, c'est terrible. C'est la décrépitude et la mort. Les tracts répandus au sol, les affiches qui se balancent en travers des rues comme des pendus. Les comédiens partis, les commerçants qui ont baissé leur rideau, et les Avignonnais pas encore rentrés de vacances... L'après-Festival, c'est l'horreur. Il se passe quelque chose de dramatique. La ville s'est éclatée pendant trois semaines, on l'abandonne et d'un coup elle meurt![497]

Durch den anhand einer Gegenüberstellung des avignonesischen Sommers und Winters verdeutlichten Einfluss des Festivals auf die Stadt wird erneut ersichtlich, dass die Einwirkung auf die sich während der Sommermonate in Avignon befindlichen Besucher und vor allem auf die Bewohner der Stadt weit über die eines gewöhnlichen kulturellen Ereignisses hinausreicht. Aus den aufgeführten positiven und negativen Aspekten der theatralisierten und gewissermaßen entprivatisierten Stadt Avignon lässt sich als Kondensat herauslesen, dass es - wie auch immer man sich dem Festival gegenüber positioniert - nicht möglich zu sein scheint, dieses als Stadtbewohner unbeachtet an sich vorbeiziehen zu lassen. Die Grundannahme der Arbeit kann abschließend am eindrücklichsten anhand der Tatsache untermauert werden, dass der Großteil der Avignoneser Bürger, die nicht direkt an dem Festival beteiligt sind, während der Sommerzeit ihre eigene Stadt verlassen. Die theatrale Eroberung[498] ist folglich soweit fortgeschritten, dass man deren Auswirkungen entweder akzeptieren oder ihnen entfliehen muss. Glasberg bestätigt dies, indem er sagt: „Si on n'aime pas, c'est sûr qu'il faut être complètement maso pour rester en plein mois de juillet dans cette ville surpeuplée, fournaise bruyante et sale."[499] Die Stadtherrschaft wird folglich in den Sommermonaten der Festivallei-

---

497 Glasberg 1990, 101f.

498 Huisman entwirft die Vision, das „Modell Avignon" und dessen Strategien künstlerischer Eroberung über die Stadtgrenzen hinauszutragen, sodass Avignon „serve de modèle à d'autres provinces en leur rappelant qu' aux grandes époques de notre histoire, l'art s'épanouissait sur toute la terre de France, dans ses villages perdus autant qu'à Paris." (Huisman 1947, 3.) Spitzt man diese Überlegung zu, könnte man von dem Plan einer theatralen Eroberung Frankreichs ausgehend von Avignon sprechen.

499 Glasberg 1990, 92.

tung überlassen, die dort in dieser Zeit nahezu nach eigenen Gesetzen regieren darf. „Le directeur du Festival est [le] maître d'un mois, il règne sur une ville éphémère."[500] Die zeitweilige Bevölkerung besteht aus der Festivalgemeinschaft, die durch ihre unumgängliche Präsenz jeden der Stadt verweist, der sich in diese und deren Regeln nicht eingliedern möchte. „Avignon [...] devienne, pendant le mois que dure le festival, lieu dramatique et scène d'un immense théâtre."[501]

---

500 Banu 1996, 19f.

501 Ballé 1984, 88.

5 Zusammenfassung

Nachdem die Forschungsthese, das *Festival d'Avignon* erobere auf räumlichem Wege und mit theatralen Mitteln die Stadt, im Verlauf der vorliegenden Arbeit aus verschiedenen thematischen Blickwinkeln überprüft wurde, gilt es nun, die zentralen Gedankenverläufe und Ergebnisse noch einmal zusammenzuführen. Den Betrachtungen wurde ein prozessualer und relationaler Raumansatz zu Grunde gelegt, der Orte - in diesem Fall Avignon und die Spielstätten des Festivals - nicht nur als „Behälter" bestimmter Ereignisse, sondern als diese konstituierende und prägende Faktoren behandelt. Daher wurde zunächst die Stadt selbst auf spezifische topographische und historische Begebenheiten untersucht, woraus sich ergab, dass es sich bei dem späteren „Festivalpartner" Avignon seit der Stadtgründung um einen durch zahlreiche Aufschwünge und Brüche geprägten Ort handelte. Auf verschiedensten Ebenen stieß man, ob in geographischer oder geschichtlicher Hinsicht, auf ein Spannungsgefüge zwischen Bedeutungszuwachs und -abnahme. Historisch brachten diesbezüglich die europäischen Achsenverschiebungen die bedeutendste Prägung mit sich, welche durch die mit einem sprunghaften Machtanstieg verbundene Verlegung der Kurie nach Avignon und die anschließende Abwanderung der Macht durch die Rückkehr der Päpste nach Rom zustande kam. Während sich die umliegenden Städte in den darauffolgenden Jahrhunderten zu modernen Städten weiterentwickelten, hielt Avignon merklich an der einstigen Machtstellung fest, was für einen zunehmend musealen und provinziellen Charakter verantwortlich war. Noch heute sind die stadttopographische Ausrichtung sowie die bauliche Struktur durch zahlreiche kirchliche Bauwerke, die Stadtmauer und den imposanten Papstpalast merklich durch die Papstzeit mitgeprägt. Selbst das Renommee der Stadt beruht schwerpunktmäßig auf den Spuren vergangener Epochen, auf deren Suche auch der Großteil der zahlreichen Touristen ist, die Avignon, häufig auf der Durchreise und nur für kurze Zeit besuchen. Die Beobachtung, dass die Stadt vielen Reisenden lediglich als Zwischenstation dient, leitet über zu der topographischen Komponente des genannten Spannungsfeldes. Die Randlage innerhalb Frankreichs und die große Distanz zur Hauptstadt Paris erwecken einen Eindruck von Abgeschiedenheit. Diese wird jedoch durch die Nähe zu zahlreichen anderen Städten und der vielbereisten Côte d'Azur sowie eine gute Verkehrsanbindung kontrastiert.

Die thematisierte Zweischneidigkeit der Stadt Avignon, deren äußere Fassade noch immer der einer europäischen Hauptstadt ähnelt, ohne diese jedoch in modernen Zeiten mit neuer Substanz füllen zu können, wusste Jean Vilar mit den ersten Gehversuchen des Festivals 1947 zu theatralen Zwecken zu nutzen. Durch die Wahl des päpstlichen Ehrenhofes, des Wahrzeichens der Stadt und zugleich des materialisierten Zeugens der Papstepoche, unternahm das Festival einen Anknüpfungsversuch an Avignons Blütezeit. Die symbolische Dichte des Ortes und der Nachhall einer bedeutsamen Stadtära dienten Vilar auf diese Weise als Grundstock zur Bedeutungs- und Sinnerzeugung seiner Theaterkonzepte. Zudem lag in der Nutzung symbolischer Stadtzentren die Möglichkeit, das Festival von Beginn an geradezu in die Stadt zu „implantieren".

Das Gelingen dieser Verknüpfung historischer, topographischer und theatraler Komponenten war jedoch nicht allein durch die Raumwahl und die darauf folgende Umgestaltung des Cour d'Honneur zur Spielstätte gesichert. Darüber hinaus bedurfte es zur Etablierung des Festivals in den historischen Räumlichkeiten Avignons auch der Eroberung der Stadtbewohner und der Besucher, um diese als Publikum zu gewinnen. Der Weg führte dabei vorrangig über die Identifikation mit dem Raum als Wahrzeichen und Stadtzentrum sowie über das Mittel der Gemeinschaftsbildung. Für die intendierte Erzeugung eines Kollektivgefühls unter den Zuschauern aller Schichten und Altersklassen im Sinne des populären Theaters Vilars bot der weitläufige Innenhof des Palais des Papes einen geeigneten Raum. Überträgt man die Ausführungen Maurice Halbwachs' bezüglich des kollektiven Gedächtnisses auf das Festival, kann das gemeinsame Erleben eines (Theater-) Ereignisses und vor allem die dadurch entstehende und hervorgerufene kollektive Erinnerung - verstärkt durch den gewählten historischen Raum - den Zusammenschluss Einzelner zu einer Gemeinschaft begünstigen. Thematisch führte die Betrachtung der Eroberung historischer Räume daher auch zu dem weitläufigen und vielschichtigen Diskurs um Erinnerung und Gedächtnis, der unter Herausgriff einiger Ansätze beleuchtet wurde, die sich mit den heute noch innerhalb von Orten sicht- und erlebbaren Spuren von Vergangenheit in Wechselwirkung mit der aktuellen Raumnutzung befassen.

Die zweite Voraussetzung - neben der Eroberung der Zuschauer - , um den historischen Raum zu Festivalzwecken nutzbar zu machen, bestand in der Erstellung einer Verbindung zwischen dem theatralen Ereignis und der Vergangenheitsträchtigkeit des Ortes. Der Annäherung an dieses Themenfeld dienten Pierre Noras Ausführungen bezüglich der *Erinnerungsorte*. Den Ideen des französischen Theoretikers liegt die Annahme zu Grunde, das Gedächtnis, welches sich durch die heutigen Gesellschaftsstrukturen von den es bislang beherbergenden Individuen und Gruppierungen zunehmend abspaltet und auf diese Weise im Begriff ist zu verschwinden, kristallisiere sich in Spuren und Fragmenten an symbolisch aufgeladenen *Erinnerungsorten* materieller und immaterieller Natur. Um diesen Orten die Erinnerungsfragmente entlocken zu können, bedürfe es der Bereitschaft des Einzelnen, sich einen eigenen Zugang zu den Gedächtnisspuren zu verschaffen. Die Untersuchungen der vorliegenden Arbeit zeigten, dass das Festival durch die theatrale Belebung historischer Räume und die Vereinigung der Zuschauer zu einer Festivalgemeinschaft gewissermaßen einen Rahmen bereitstellt, der den Weg zu den Gedächtnisspuren ebnet. Verknüpft man diese mit eigenen Erinnerungen, können sie zur Festigung eigener Identität führen. Der Weg zwischen Gedächtnisspuren und eigenem Erleben, der auch als Schnittstelle zwischen Vergangenheit und Gegenwart bezeichnet werden kann, wurde in der vorliegenden Arbeit mit dem Phänomen der Atmosphäre während der in historischen Räumen stattfindenden Aufführungen beschrieben. Trotz der Abstraktheit des Begriffes eignet sich dieser zur Veranschaulichung des Prozesses der Raum- und Vergangenheitsannäherung durch das Publikum, der auf diese Weise eine flüchtige Form der Greifbarkeit erfährt. Die Atmosphäre ist in diesem Kontext folglich als Konglomerat optischer, akustischer und assoziativer Eindrücke zu verstehen, die durch Raum und Theaterereignis geprägt sind, jedoch auch in einem Wechselverhältnis auf sie zurückwirken.

Die Überlagerung all dieser Ebenen und die weit über die Aufführung hinausweisenden Assoziationen führen jedoch nicht geradlinig zu einer Raumeroberung durch das Festival. Die Erinnerungskraft und die architektonische Imposanz der historischen Orte können auch in umgekehrter Richtung den Effekt der Überschattung und Dominierung der Inszenierung durch den Raum mit sich bringen. Von Anfang an war Vilar, wie auch viele seiner Nachfolger, damit befasst, den Papstpalast zwar in seiner Symboldichte und Gedächtnisaufladung zu theatralen Zwecken zu nutzen, ihn jedoch auch in gewisse Schranken zu verweisen, um eine die Theateraufführung überlagernde Übermacht des Raumes zu vermeiden. Exemplarisch zeigt sich dies an dem analysierten Inszenierungsbeispiel *Richard II*, das bei näherer Betrachtung des Bühnenaufbaus und der Lichttechnik benanntes Kräftemessen deutlich offenbarte. Durch die Wahl eines kargen und illusionsarmen Ortes, wie es der Papstpalast ist, machte Vilar seine Inszenierung selbst angreif- und „eroberbarer" gegenüber der Wirkungskraft des Raumes. Die minimalistische Bühnendekoration und Ausstattung verstärkten die Imposanz der Palastmauern als einziger Kulisse. Der Einsatz der Lichttechnik wirkte jedoch diesem Effekt entgegen, indem das Bühnenplateau in solch greller Weise angestrahlt wurde, dass die Mauern des Papstpalastes nahezu im Dunkeln verschwanden. Durch die beschriebene Aura oder Atmosphäre des Raumes in ihrer Funktion als Brücke zu den im Raum gespeicherten Erinnerungsspuren blieb der Papstpalast, laut der Schilderung diverser Besucher und Rezensenten, trotz des optischen Zurücktretens während der Aufführung dennoch präsent. Die Abdunkelung und die damit verbundene Konzentration sowie die Eröffnung assoziativer Räume kann, geht man einen Schritt weiter, sogar als Verstärkung der atmosphärischen Dichte und somit der Verbindung der Zuschauer mit dem *Erinnerungsort* Papstpalast bezeichnet werden. Während Vilar in stark lenkender Weise auf das Gleichgewicht zwischen Raum und Inszenierung einzuwirken versuchte, war bei Philippe Quesnes Inszenierung von *La Mélancolie des dragons* im Cloître des Célestins aus dem Jahr 2008 ein grundlegend anderer Zugang zu beobachten. Bei dem an eine Installation angelehnten Stück überließ der Regisseur das Publikum durch Zeitdehnung und Aktionsarmut weitgehend sich selbst und dem Raum, der sich dadurch ähnlich einer Traumwelt für Assoziationen erschloss. Die Geschlossenheit des Klosters wurde zur Verstärkung des Kontrastes zwischen der Alltagswelt des Zuschauers und einer fiktiven Welt, die sich aus Elementen des historischen, zeitlich entrückten Raums und der „zeitlosen" Inszenierung zusammenfügte, genutzt. Die Analysen ergaben, dass sich beide Inszenierungsbeispiele trotz gegenläufiger Raumkonzepte die Vergangenheitsträchtigkeit des historischen Spielortes zur Eroberung des Publikums und des Raums zunutzte machten. Dass allerdings auch eine andere Lesart möglich wäre, die gänzlich ohne den Aspekt der Erinnerungsspuren auskommt, zeigte ein Seitenblick auf die Ausführungen Barthes', der bei der Beschreibung des Papstpalastes ausschließlich dessen Neutralität und Verfügbarkeit referierte, was in der Raumbetrachtung Ähnlichkeiten mit Peter Brooks Ansatz des *leeren Raums* aufweist. Diese zu Nora konträre Position zeigt, dass es sich bei der Idee der Kristallisation von Vergangenheit an Orten nicht um ein allgemeingültiges Prinzip, sondern um einen von mehreren möglichen Ansätzen handelt.

Die anfängliche Phase des *Festival d'Avignon,* in der sich die theatralen Aktivitäten fast ausschließlich auf die historischen Bauwerke der Stadt beschränkten, wies in topographischer Hinsicht noch eine gewisse

Homogenität und Lokalisierbarkeit auf. Eine neue Stufe der Stadteroberung wurde jedoch Ende der 60er Jahre mit den ersten Vorläufern des *OFF*-Festivals eingeläutet. Im Wechselspiel mit den Ereignissen der 68er-Bewegung erschloss sich das Theater in Form demonstrativer Gegenbewegungen zu den inzwischen institutionalisierten Ausprägungen des offiziellen Festivals innerhalb kürzester Zeit die Straßen und den gesamten öffentlichen Raum Avignons. Die Stadt wurde zum Forum künstlerischer und gesellschaftlicher Proteste und Experimente, wobei sich theatrale und politische Ereignisse bis zur Untrennbarkeit vermischten. Die Festivalleitung, die bereits 1967 einige grundlegende Reformen durchgeführt hatte, reagierte mit einer Öffnung des *Festival d'Avignon* gegenüber verschiedensten Künsten und Gruppen, der Erschließung neuer Aufführungsorte sowie der Bemühung, die explosionsartige Verbreitung und die Proteste in das Festivalgeschehen zu integrieren. Die Verbindung und räumliche Durchdringung von Festival und Stadt, die Vilar von Anfang an konzeptionell in seiner Arbeit verankert hatte, nahm in dieser Zeit selbstläuferartige Ausmaße an, die das von ihm intendierte Maß bei weitem überschritten. Kommt man auf den Gründungsmythos des Festivals zurück, der besagt, Vilar und Avignon hätten geheiratet und ein Kind namens Festival bekommen, könnte man in Zeiten des *OFF* eher davon sprechen, Vilar habe die Stadt 1947 mit dem Festival verheiratet, ohne auf den späteren Verlauf der Ehe Einfluss ausüben zu können. Der Stadteroberungsstrategie des *OFF*, geprägt durch die Plakatierung jeglicher verfügbarer Flächen, die umherziehenden Schauspielerparaden, welche in marktschreierartiger Manier ihr Werbematerial verteilen, sowie eine Vielzahl provisorischer Spielstätten in öffentlichen und privaten Räumen und auf der Straße, liegt folglich das Prinzip der Uneingrenzbarkeit und Streuung zu Grunde. Obgleich, wie bereits ausgeführt, in dieser Zeit auch die Anzahl der Spielorte des offiziellen *Festival d'Avignon* deutlich anstieg, verfolgte dieses nach wie vor die Strategie, sich vorwiegend an fest etablierten und historisch geprägten Orten der Stadt anzusiedeln. Aus dem Zusammenklang dieser teilweise konkurrierenden Eroberungsformen, der Theatralisierung historischer und öffentlicher Räume entstand eine feingliedrige, die gesamte Stadt netzartig überziehende Festivaltopographie.

Die Theatralisierung der Stadt beschränkte sich jedoch nicht auf die innerhalb der Stadtmauern gelegenen Bereiche. Mit Peter Brooks *Le Mahabharata* von 1985 wurde ein Raumkonzept verwirklicht, das in seiner Disposition den beiden anderen Strategien diametral entgegenzusetzen ist, diese unter dem Blickwinkel der umfassenden Eroberung jedoch ergänzt. In einem Steinbruch, 15 Kilometer von Avignon entfernt, erlebten die Zuschauer ein sich über eine gesamte Nacht erstreckendes neunstündiges indisches Epos. Die in Brooks Ausführungen zum *leeren Raum* in theoretischer Form vorgestellten Raumentwürfe, welche nach einem Theaterereignis an einem kulturell unbeschriebenen Ort strebten, sollten in dieser Aufführung ihre Realisierung erfahren. Während bei der Theatralisierung der Straße das Theater in die Alltagsbereiche der Menschen eindringt, diese durchkreuzt und deren tägliche Wege belagert, wird das Publikum bei *Le Mahabharata* gezielt von seinen gewohnten Wegen weggeführt, um mit dem Festival einen angeblich *leeren Raum* zu theatralen Zwecken neu zu erschließen und mitzuprägen. Eine Gemeinsamkeit mit der Theatralisierung historischer Räume bestand in der Eröffnung assoziativer Freiräume für das Publikum. Eine deutliche Abgrenzung lag hingegen darin, dass der Zuschauer sich im Fall von *Le Mahabharata* an einem „vergangenheitsfreien" Ort befinden sollte, wodurch die Assoziationen nicht mit im Raum gespeicherten Gedächtnisspuren verknüpft, sondern lediglich aus der Inszenierung und den eigenen Erfahrungen geschöpft werden sollten. Carlson setzt der Idee des *leeren Raums* die Auffassung entgegen, dass jeder Ort bereits mit Bedeutung belegt ist und daher nie als gänzlich neutral angesehen werden kann, wie auch im Falle von *Le Mahabharata* der stillgelegte Steinbruch durch Spuren menschlicher Arbeit geprägt ist, die bei der Theateraufführung unweigerlich mitschwingen. Am Beispiel der Positionen von Brook und Carlson lassen sich somit zwei grundlegend konträre Raumauffassungen zeigen. Der Behauptung, es gäbe leere Räume, steht die, jeder Ort sei bereits mit Bedeutung belegt, gegenüber. Interessant im Sinne der Forschungsfrage ist nun, dass der Effekt theatraler Eroberung bei beiden Ansätzen zu beobachten ist, nur dass im ersten Fall bereits bestehende Konnotationen mit neuen verbunden werden und im zweiten Fall Räume mit vollständig neuer Bedeutung belegt werden sollen. Eine Verschmelzung von Stadt und Theaterereignis findet bei beiden Positionen statt. Unabhängig von den genannten Einwänden lässt sich sagen, dass es Brook gelungen ist, mit theatralen Mitteln einen Ort zu erschließen, der die Zuschauer in geographischer und kultureller Hinsicht in eine „fremde Welt" entführte. Diesen Gedanken weiterführend liegt die Vermutung nahe, dass das mit dem Besuch der *Mahabharata* verbundene kurzzeitige Verlassen der Festivalstadt zu einem veränderten Blick auf die Festivalstadt führte. Durch den Kontrast zu der im Steinbruch erlebten Abgeschiedenheit und Konzentriertheit dürfte die theatrale Belebtheit der Stadt bei Rückkehr in neuem Licht erschienen sein. Theaterereignisse wie dieses, die nachhaltig auf die Erinnerung der Zuschauer einwirken, machen das *Festival d'Avignon* selbst - knüpft man an Noras erweiterten Begriff eines *Erinnerungsortes* an, der auch immaterielle Orte und Begebenheiten wie Rituale mit einbezieht - zu einem *lieu de mémoire*.

Durch die Betrachtung der Gesamtheit aller bislang genannten Eroberungsstrategien wird deutlich, dass diese auf das städtische Geschehen und dessen Bewohner in erheblicher Weise Einfluss nahmen und nehmen. Jeder, der die Stadtmauern während der Sommermonate übertritt, findet sich inmitten eines städtischen Schauspiels wieder. Paul Puaux sagt hierzu: „Il y a la ville - unité de lieu. Il y a l'été - unité de temps. Il y a le théâtre - unité d'action. La ville joue."[502] Bereits durch den bloßen Aufenthalt in den frei zugänglichen Bereichen der Stadt wird man selbst zum Teilnehmer dieses großen Schauspiels, und sei es nur durch bloße Beobachtung oder durch das Beobachtet-Werden seitens Anderer. Diese massive Form der Einwirkung auf die Bewohner der Stadt leitet die „oberste Stufe" theatraler Eroberung ein, da so neben historischen und öffentlichen auch die privaten Räume vereinnahmt werden. Die damit einhergehende Grenzüberschreitung zwischen privatem und öffentlichem Raum findet in zweierlei Richtung statt. Ansonsten als persönliche und private Handlung gekennzeichnete Aktionen werden in die Öffentlichkeit verlegt, was einen Bruch mit tradierten Tabu- und Konventionsgrenzen mit sich bringt. Darüber hinaus wird aber auch der private Lebensbereich durch öffentlich-theatrale Handlungen vereinnahmt. Dies geschieht durch die exzessive Plakatierung privater Häuserwände und besonders durch die Vermietung und Nutzung privater Räume und Innenhöfe als theatrale Spielstätten.

Wie anhand der Darstellung festivaltopographischer Entwicklungen im Wechselspiel mit theatralen und gesellschaftlichen Beobachtungen deutlich geworden ist, lässt sich von den Gründungsjahren des *Festival d'Avignon* an bis heute eine zunehmende Verdichtung theatraler Aktivität im Stadtraum beobachten. Dies kann sowohl mittels der zunehmenden Engmaschigkeit des Netzes an Spielorten, als auch der stets ansteigenden Involvierung der Bewohner und Besucher der Stadt sichtbar gemacht werden. Innerhalb der geschilderten Eroberungsstrategien von der Theatralisierung der historischen über die öffentlichen bis hin zu den privaten Räumen Avignons ist zudem eine Ent-

---

502 Puaux 1983, 22.

wicklung von einer abstrakt-ideellen hin zu einer am eigenen Leib erfahrbaren Eroberung nachzuzeichnen. Die theatrale Vereinnahmung des Papstpalastes und anderer historischer Bauten war noch vorwiegend symbolischer Natur, da sich das Theater die bereits vorhandene Dichte der Orte zu Nutzen machte, sich in die *Erinnerungsorte* Avignons mit einschrieb und diese zu neuem Leben erweckte. Wollte man in dieser Zeit nicht mit dem Festival in Kontakt treten, war es ohne großen Aufwand möglich, dieses zu umgehen und unbeeinträchtigt dem gewohnten Alltagsablauf nachzugehen. Mit der Theatralisierung der Straßen und vor allem der privaten Räume Avignons drängte sich die theatrale Eroberung hingegen unausweichlich in die Lebensrealität der Menschen hinein. Heute ist der Eroberungsgrad an einem Punkt angelangt, an dem sogar die Grenzen der eigenen Persönlichkeit unscharf werden und somit teilweise das Selbstbild beziehungsweise die Grenzziehung zwischen dem Selbst und dem Anderen neu definiert werden müssen. Je nach Sichtweise kann bei den dadurch entstehenden Grenzverschiebungen von einem Verlust an Privatheit oder aber von einem Zusammenschluss der gesamten Stadt zu einer Art großem „Privathaus" für die „Festivalfamilie" und damit einer Ausweitung des Privatraumes auf ganz Avignon gesprochen werden. Letztere Lesart spitzt die These theatraler Eroberung am drastischsten zu, besonders vor dem Hintergrund der Tatsache, dass die meisten avignonesischen Bürger, die nicht unmittelbar am Festivalgeschehen beteiligt sind, in den Sommermonaten aus der eigenen Stadt „flüchten". Bleibt man bei dem Bild des Privathauses, bedeutet dies, dass jeder, der sich selbst nicht zu der Gemeinschaft zählt und folglich nicht bereit ist, sich in das theatrale Gefüge und die „Hausregeln" einzugliedern, gezwungen ist, in der Zeit des Festivals aus dem „Haus Avignon" auszuziehen und folglich die eigene Stadt zu verlassen.

Knüpft man jedoch an die Beobachtung an, Avignon habe seit der Rückkehr der Päpste nach Rom lediglich die Fassade einer bedeutsamen und lebendigen Stadt aufrechterhalten, ohne diese mit neuem Leben zu füllen, so kann man in überspitzer Form von einer Wiederbelebung Avignons durch das Festival sprechen. Nach dieser Sichtweise schränkt die theatrale Aktivität nicht die privaten Räume und Lebensweisen der Bevölkerung ein, sondern macht Avignon erst wieder zu einer mit alltäglichem Leben durchwirkten Stadt, den bisherigen musealen Charakter beendend. Auch heute – oder vielleicht mehr denn je – trifft daher die pointierte Beschreibung zu, die im Sommer

1967 in *Le Monde* zu lesen war: „Avignon n'est plus une ville qui a un festival, c'est un Festival qui a une ville."[503]

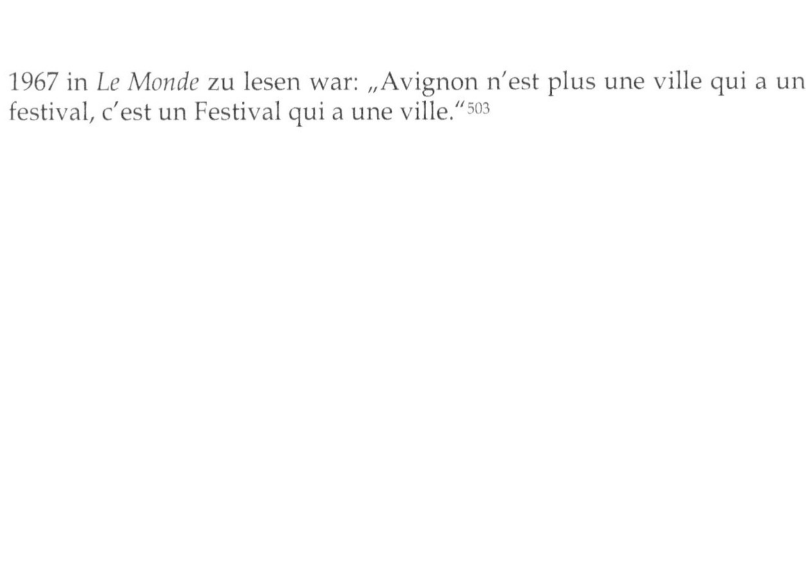

503 Lacouture, zitiert nach Armengol 1990, 58.

Literaturverzeichnis

A Selbständig erschienene Titel

Adler, Laure (Hrsg.): *Avignon. 40 ans de Festival.* Paris 1987.

Angermann, Norbert (Hrsg.): *Lexikon des Mittelalters.* München u.a. 1980.

Artous, Antoine, **Epsztajn,** Didier und **Silberstein**, Patrick (Hrsg.): *La France des années 68.* Paris 2008.

Assmann, Aleida: *Erinnerungsräume : Formen und Wandlungen des kulturellen Gedächtnisses.* München 1999.

Assmann, Aleida: *Der lange Schatten der Vergangenheit. Erinnerungskultur und Geschichtspolitik.* München 2006.

Assmann, Jan (Hrsg.): *Kultur und Gedächtnis.* Frankfurt am Main 1988.

Assmann, Jan: *Das Fest und das Heilige. Religiöse Kontrapunkte zur Alltagswelt.* Gütersloh 1991.

Assmann, Jan: *Das kulturelle Gedächtnis. Schrift, Erinnerung und politische Identität in frühen Hochkulturen.* München 1997.

Augé, Marc: *Non-lieux.* Le Seuil 1992.

Bablet, Denis (Hrsg.): *Le lieu théatral dans la société moderne.* Paris 1988.

Baecque, Antoine de: *Avignon. Le royaume du théâtre.* Paris 2006.

Bahrdt, Hans Paul: *Die moderne Großstadt. Soziologische Überlegungen zum Städtebau.* Hamburg 1961.

Ballé, Catherine: *Réutilisation des monuments historiques et nouvelles institutions culturelles.* Paris 1984.

Barthes, Roland*: Ich habe das Theater immer sehr geliebt, und dennoch gehe ich fast nie mehr hin.* Berlin 2002.

Beck, Julian: *The life of the theatre. The relation of the artist to the struggle of the people.* New York 1986.

Benito, Luc: *Les festivals en France : marchés, enjeux et alchimie.* Paris 2001.

Berthelot, André u.a. (Hrsg.): *La Grande Encyclopédie inventaire raisonné. Des sciences, des lettres et des arts.* Paris 1961.

Boissien, Gisèle und Jean: *L'après Vilar. 1968 – 1994.* Marseille 1995.

Brandes, Volkhard: *Paris Mai '68. Plakate, Karikaturen und Fotos der Revolte.* Frankfurt am Main 2008.

Brauneck, Manfred: *Die Welt als Bühne. Geschichte des europäischen Theaters. Band 5.* Stuttgart 2007, 2- 171.

Brook, Peter: *Der leere Raum.* Hamburg 1969.

Carcenac-Lecomte, Constanze u.a.: *Steinbruch Deutsche Erinnerungsorte. Annäherung an eine deutsche Gedächtnisgeschichte.* Frankfurt am Main u.a. 2000.

Carlson, Marvin: *Places of Performance. The Semiotics of Theatre Architecture.* Cornwell 1989.

Carlson, Marvin: *The haunted stage:the theatre as memory machine.* Michigan 2003.

Chaudoir, Philippe: *Discours et figures de l'espace public à travers les „arts de la rue".* Paris 2000.

Cohen-Cruz, Jan (Hrsg.): *Radical Street Performance. An International Anthology.* London und New York 1998.

Colombe, Gabriel: *Le Palais des Papes d'Avignon.* Paris 1939.

Danuser, Hermann (Hrsg.): *Kunst - Fest - Kanon : Inklusion und Exklusion in Gesellschaft und Kultur.* Schliengen 2004.

David, Claire (Hrsg.): *Avignon 50 festivals.* Arles 1996.

Digonnet, Félix: *Le palais des papes d'Avignon.* Avignon 1907.

Dünne, Jörg und **Günzel**, Stephan (Hrsg.): *Raumtheorie : Grundlagentexte aus Philosophie und Kulturwissenschaften.* Frankfurt am Main 2007.

Eckel, Eva Maria: *Individuum und Stadt-Raum. Öffentliches Verhalten im Wandel.* Wiesbaden 1998.

Engler, Balz (Hrsg.): *Das Festspiel : Formen, Funktionen, Perspektiven.* Willisau 1988.

Fauré, Christine: *Mai 68 en France ou la révolte du citoyen disparu.* Paris 2008.

Favier, Jacques: *Le palais des papes d'Avignon.* Rennes 1992.

Forker, Charles R. (Hrsg.): *Shakespeare, William: King Richard II.* London u.a. 2002.

François, Etienne und **Schulze**, Hagen (Hrsg.): *Deutsche Erinnerungsorte, Band 1.* München 2001.

Fustier-Dautier, Nerte: *Le guide du festival d'Avignon.* Besançon 1991.

Gagnière, Sylvain: *Le Palais des Papes d'Avignon.* Paris 1965.

Gebhardt, Winfried: *Fest, Feier und Alltag. Über die gesellschaftliche Wirklichkeit des Menschen und ihre Deutung.* Frankfurt am Main 1987.

Gerndt, Helge: *Kultur als Forschungsfeld. Über volkskundliches Denken und Arbeiten.* München 1986.

Gilcher-Holtey, Ingrid: *Die 68er Bewegung: Deutschland – Westeuropa – USA.* München 2001.

Guillemain, Bernard: *Les papes d'Avignon: 1309 - 1376.* Paris 1998.

Halbwachs, Maurice: *Das kollektive Gedächtnis.* Frankfurt am Main 1985.

Halbwachs, Maurice: *Das Gedächtnis und seine sozialen Bedingungen.* Frankfurt am Main 2006.

Handke, Peter: *Prosa, Gedichte, Theaterstücke, Hörspiel, Aufsätze.* Frankfurt am Main 1969.

Häußermann, Hartmut u.a.: *Stadt und Raum. Soziologische Analysen.* Pfaffenweiler 1991.

Häußermann, Hartmut und **Siebel**, Walter: *Stadtsoziologie. Eine Einführung.* Frankfurt am Main u.a. 2004.

Joffrin, Laurent: *Mai 68: une histoire du mouvement.* Paris 2008.

Kaplan, David, **Wheeler**, James und **Holloway**, Steven: *Urban geography.* Hoboken 2009.

Kerscher, Gottfried: *Architektur als Repräsentation. Spätmittelalterliche Palastbaukunst zwischen Pracht und zeremoniellen Voraussetzungen. Avignon-Mallorca-Kirchenstaat.* Tübingen und Berlin 2000.

Klimke, Martin (Hrsg.): *1968: Handbuch zur Kultur- und Mediengeschichte der Studentenbewegung.* (Schriftenreihe Bundeszentrale für Politische Bildung, Band 697) Bonn 2008.

Koneffke, Silke: *Theater- Raum. Visionen und Projekte von Theaterleuten und Architekten zum anderen Aufführungsort 1900-1980.* Berlin 1999.

Kosminskij, Evgenij A. (Hrsg.): *Geschichte des Mittelalters, Band 1.* Berlin 1948.

Kreuder, Friedemann: *Formen des Erinnerns im Theater Klaus Michael Grübers.* Berlin 2002.

Labande, Léon-Honoré: *Le Palais des papes et les monuments d'Avignon au XIVe siècle.* Marseille 1925.

Lachaud, Jean-Marc: *Art, culture et politique.* Paris 1999.

Lammert, Angela (Hrsg.): *Topos RAUM: die Aktualität des Raumes in den Künsten der Gegenwart.* (Dokumentation des Symposiums Topos Raum, 17. - 20 November 2004, Akademie der Künste, Berlin). Berlin 2004.

Lamy, Yvon (Hrsg.): *L'Alchimie du patrimoine. Discours et politiques.* Talence 1996.

Lefebvre, Henri: *The production of space.* Oxford u.a. 1994.

Lehmann, Hans-Thies: *Postdramatisches Theater.* Frankfurt am Main 1999.

Léonard, Alain und **Vantagglioli,** Gérard: *Festival OFF Avignon.* Paris 1989.

Lindner, Rolf: *Walks on the wild Side. Eine Geschichte der Stadtforschung.* Frankfurt am Main u.a. 2004.

Löw, Martina: *Raumsoziologie.* Frankfurt am Main 2001.

Löw, Martina, **Steets,** Silke und **Stoetzer,** Sergej: *Einführung in die Stadt- und Raumsoziologie.* Opladen u.a. 2007.

Loyer, Emmanuelle: *Le théâtre citoyen de Jean Vilar : une utopie d'après-guerre.* Paris 1997.

Loyer, Emmanuelle und **Baecque,** Antoine de: *Histoire du Festival d'Avignon.* Paris 2007.

Lynch, Kevin: *Das Bild der Stadt.* Frankfurt am Main, Berlin 1965.

MacAuley, Gay: *Space in Performance. Making meaning in the theatre.* Ann Arbor 1999.

Marx, Peter: *Theater und kulturelle Erinnerung. Kultursemiotische Untersuchungen zu George Tabori, Tadeusz Kantor und Rina Yerushalmi.* (Mainzer Forschungen zu Drama und Theater, Band 27.) Tübingen 2003.

Mollat, Guillaume: *The Popes at Avignon, 1305-1378.* Paris 1965.

Mumford, Lewis: *The City in History.* New York 1961.

Négrier, Emmanuel und **Jourda**, Marie-Thérèse: *Les nouveaux territoires des festivals.* Paris 2007.

Nietzsche, Friedrich: *Unzeitgemäße Betrachtungen. Zweites Stück: Vom Nutzen und Nachteil der Historie für das Leben.* Stuttgart 1964.

Nora, Pierre: *Zwischen Geschichte und Gedächtnis.* Berlin 1990.

Nora, Pierre (Hrsg.): *Erinnerungsorte Frankreichs.* München 2005.

Ortolani, Oliver: *Peter Brook.* Frankfurt am Main 1988.

Paravicini, Werner (Hrsg.): *Zeremoniell und Raum (1200-1600).* Sigmaringen 1997.

Prost, Antoine und **Vincent,** Gérard (Hrsg.): *Geschichte des privaten Lebens. Vom Ersten Weltkrieg zur Gegenwart. Band 5.* Frankfurt am Main 1993.

Puaux, Paul: *Avignon en Festivals ou les utopies nécessaires.* Hachette 1983.

Roesner, David u.a. (Hrsg.): *Szenische Orte - mediale Räume.* Hildesheim 2005.

Rokem, Freddie: *Performing History. Theatrical Representation of the Past in Contemporary Theatre.* Iowa City 2000.

Rolland, Romain: *Le théâtre du peuple.* Paris 1913.

Schuler, Constanze: *Der Altar als Bühne. Die Kollegienkirche als Aufführungsort der Salzburger Festspiele.* Tübingen 2007.

Schlögel, Karl: *Im Raume lesen wir die Zeit.* München 2003.

Sennett, Richard: *Verfall und Ende des öffentlichen Lebens.* Frankfurt am Main 1983.

Sennett, Richard: *Civitas – die Großstadt und die Kultur des Unterschieds.* Frankfurt am Main 1991.

Shewring, Margaret: *King Richard II.* Manchester und New York 1996.

Spill, Christiane und **Michel**, Jean: *Les villes françaises. Avignon.* Paris 1977.

Stolt, Peter, **Grünberg**, Wolfgang und **Suhr**, Ulrike (Hrsg.): *Kulte, Kulturen, Gottesdienste. Öffentliche Inszenierung des Lebens.* Göttingen 1996.

Tytell, John: *The Living Theatre: art, exile and outrage.* London 1997.

Veblen, Thorstein: *Theorie der feinen Leute. Eine ökonomische Untersuchung der Institutionen.* Frankfurt am Main 1997.

Viard, Jean (Hrsg.): *Avignon.* Paris 1990.

Vilar, Jean: *Le théâtre, service public et autres textes.* Paris 1986.

Vingtain, Dominique und **Sauvageot**, Claude: *Avignon : le palais des Papes*. Saint-Léger-Vauban 1998.

Voß, Karl: *Freilichttheater-Theater unter freiem Himmel. Freilichtbühnen und sommerliche Festspiele in Deutschland und im benachbarten Europa*. Münster 2005.

Wehle, Philippa: *Le théatre populaire selon Jean Vilar*. Arles 1991.

Whitton, David: *Stage directors in modern France*. Manchester 1987.

Wulf, Christoph (Hrsg.): *Vom Menschen. Handbuch Historische Anthropologie*. Weinheim und Basel 1997.

Wulf, Christoph (Hrsg.): *Das Soziale als Ritual. Zur performativen Bildung von Gemeinschaften*. Opladen 2001.

B Nicht selbständig erschienene Titel

1 Aufsätze in Sammelbände

Althans, Birgit: Die Stadt als performativer Raum. In: Wulf, Christoph (Hrsg.): *Das Soziale als Ritual. Zur performativen Bildung von Gemeinschaften*. Opladen 2001, 19-36.

Armengol, Luis: Nostalgies et mémoire collective. In: Viard, Jean (Hrsg.): *Avignon*. Paris 1990, 54-63.

Banu, Georges: Das Theater als Spielraum. In: Ortolani, Oliver: *Peter Brook*. Frankfurt am Main 1988, 21-32.

Banu, Georges: Lieux et non-lieux ou le grimoire balisé. In: David, Claire: *Avignon. 50 festivals*. Arles 1996, 19-62.

Bermbach, Udo: Bayreuther und andere Festspiele. Zu einer säkularisierten Form des Gemeinschaftslebens. In: Stolt, Peter, Grünberg, Wolfgang und Suhr, Ulrike (Hrsg.): *Kulte, Kulturen, Gottesdienste. Öffentliche Inszenierung des Lebens*. Göttingen 1996, 106-114.

Busson, Alain: Créateurs, pédagogues et gestionnaires. In: Viard, Jean (Hrsg.): *Avignon*. Paris 1990, 83-90.

Corbin, Alain: Paris - Provinz. In: Nora, Pierre (Hrsg.): *Erinnerungsorte Frankreichs*. München 2005, 179-213.

Diers, Michael u.a.: Topos RAUM - Einführung. In: Lammert, Angela (Hrsg.): *Topos RAUM : die Aktualität des Raumes in den Künsten der Gegenwart*.(Dokumentation des Symposiums Topos Raum, 17. - 20 November 2004, Akademie der Künste, Berlin) Berlin 2004, 9-11.

Faivre d'Arcier, Bernard: Ma Cour d'honneur. In: David, Claire (Hrsg.): *Avignon 50 festivals*. Arles 1996, 15-18.

Fischer-Lichte, Erika: Theater. In: Wulf, Christoph (Hrsg.): *Vom Menschen. Handbuch Historische Anthropologie*. Weinheim und Basel 1997, 985-996.

Forster, Kurt W.: Schwellen und Schleusen. Scheu und Ängste beim Übertritt. In: Lammert, Angela (Hrsg.): *Topos RAUM : die Aktualität des Raumes in den Künsten der Gegenwart.* (Dokumentation des Symposiums Topos Raum, 17. - 20 November 2004, Akademie der Künste, Berlin) Berlin 2004, 352-362.

François, Etienne: Pierre Nora und die „Lieux de Mémoire". In: Nora, Pierre (Hrsg.): *Erinnerungsorte Frankreichs.* München 2005, 7-14.

Gall, Urbain: La peur du Rhône et la ville ceinte. In: Viard, Jean (Hrsg.): *Avignon.* Paris 1990, 118-130.

Glasberg, Monique: Vivement le Festival! In: Viard, Jean (Hrsg.): *Avignon.* Paris 1990, 92-102.

Goebbels, Heiner: Der Raum als Einladung - Der Zuschauer als Ort der Kunst. In: Lammert, Angela (Hrsg.): *Topos RAUM : die Aktualität des Raumes in den Künsten der Gegenwart.* (Dokumentation des Symposiums Topos Raum, 17. - 20 November 2004, Akademie der Künste, Berlin) Berlin 2004, 255-272.

Guénoun, Denis: Années soixante, le vent, la liberté. In: Viard, Jean (Hrsg.): *Avignon.* Paris 1990, 45-52.

Handke, Peter: Straßentheater und Theatertheater. In: Handke, Peter: *Prosa, Gedichte, Theaterstücke, Hörspiel, Aufsätze.* Frankfurt am Main 1969, 303-307.

Handke, Peter: Für *das* Straßentheater gegen *die* Straßentheater. In: Handke, Peter: *Prosa, Gedichte, Theaterstücke, Hörspiel, Aufsätze.* Frankfurt am Main 1969, 308-313.

Lebel, Jean-Jacques: Notes on political street theatre, Paris 1968, 1969. In: Cohen-Cruz, Jan (Hrsg.): *Radical Street Performance. An International Anthology.* London und New York 1998, 179-184.

Lerrant, Jean-Jacques: Le Public un et multiple, ode à la nuit. In: David, Claire (Hrsg.): *Avignon 50 festivals.* Arles 1996, 63-113.

Mattenklott, Gert: Topos Raum. Im Anschluß an Nietzsche, Mallarmé und Foucault. In: Lammert, Angela (Hrsg.): *Topos RAUM: die Aktualität des Raumes in den Künsten der Gegenwart.* (Dokumentation des Symposiums Topos Raum, 17. - 20 November 2004, Akademie der Künste, Berlin). Berlin 2004, 162-173.

Matzke, Mieke: Touristen, Passanten, Mitbewohner: Strategien des zeitgenössischen „Site Specific Theatre". In: Roesner, David u.a. (Hrsg.): *Szenische Orte - mediale Räume.* Hildesheim 2005, 75-88.

Moulinas, René: 14 septembre 1791, la République, trop tard? In: Viard, Jean (Hrsg.): *Avignon.* Paris 1990, 20-32.

Nora, Pierre: Wie lässt sich heute eine Geschichte Frankreichs schreiben?. In: Nora, Pierre (Hrsg.): *Erinnerungsorte Frankreichs.* München 2005, 15-23.

Nora, Pierre: Das Zeitalter des Gedenkens. In: Nora, Pierre (Hrsg.): *Erinnerungsorte Frankreichs.* München 2005, 543-575.

Pascaud, Fabienne: Metteurs en scène, un théâtre du ciel. In: David, Claire: *Avignon. 50 festivals*. Arles 1996, 159-223.

Piccoli, Michel: Durch Peter Brook habe ich den Beruf des Schauspielers wiedererlernt. In: Ortolani, Oliver: *Peter Brook*. Frankfurt am Main 1988, 99-110.

Proust, Serge: Avignon: La mise en scène et le monument. In Lamy, Yvon (Hrsg.): *L'Alchimie du patrimoine. Discours et politiques*. Talence 1996, 279-286.

Roost, Frank: Die Stadt als Imitat ihres eigenen Mythos? Privatisierung und Inszenierung des öffentlichen Raumes. In: Lammert, Angela (Hrsg.): *Topos RAUM: die Aktualität des Raumes in den Künsten der Gegenwart*. (Dokumentation des Symposiums Topos Raum, 17. - 20 November 2004, Akademie der Künste, Berlin). Berlin 2004, 110-123.

Rosenthal, Cindy: Living on the street. Conversation with Judith Malina and Hanon Reznikov, co-directors of the Living Theatre, In: Cohen-Cruz, Jan (Hrsg.): *Radical Street Performance. An International Anthology*. London und New York 1998, 150 159.

Roy, Claude: 4 septembre 1947: Vilar, enfin! In: Viard, Jean (Hrsg.): *Avignon*. Paris 1990, 36-41.

Schaber, Ines und **Stollmann**, Jörg: Grenzwanderungen. Privatisierte Siedlungsmodelle in den Vereinigten Staaten. In: Lammert, Angela (Hrsg.): *Topos RAUM : die Aktualität des Raumes in den Künsten der Gegenwart*. (Dokumentation des Symposiums Topos Raum, 17. - 20 November 2004, Akademie der Künste, Berlin) Berlin 2004, 138-160.

Schimmelpfennig, Bernhard: Der Palast als Stadtersatz. Funktionale und zeremonielle Bedeutung der Papstpaläst in Avignon und im Vatikan. In: Paravicini, Werner (Hrsg.): *Zeremoniell und Raum (1200-1600)*. Sigmaringen 1997, 239-256.

Simmel, Georg: Soziologie des Raumes. In: Simmel, Georg: *Aufsätze und Abhandlungen*. (Band 1: 1901-1908). Frankfurt am Main. 1995, 131-183.

Sloterdijk, Peter: Der unkomprimierbare Raum. Ein Lob der Asymmetrie. In: Lammert, Angela (Hrsg.): *Topos RAUM: die Aktualität des Raumes in den Künsten der Gegenwart*. (Dokumentation des Symposiums Topos Raum, 17. - 20 November 2004, Akademie der Künste, Berlin) Berlin 2004, 420-438.

Viard, Jean: Elle et lui. Éditorial. In: Viard, Jean (Hrsg.): *Avignon*. Paris 1990, 13-17.

Viard, Jean: À symboles forts, stratégies fortes. In Viard, Jean (Hrsg.): *Avignon*. Paris 1990, 150-168.

Vilar, Jean: Un lieu théâtral:Avignon. In: Bablet, Denis, Jacquot, Jean (Hrsg.): *Le lieu théâtral dans la société moderne*. Paris 1966, 153-160.

zur Lippe, Rudolf: Raum. In Wulf, Christoph (Hrsg.): *Vom Menschen. Handbuch historische Anthropologie*. Weinheim, Basel 1997, 169-179.

2 Zeitungsartikel und Zeitschriftenaufsätze

Adam, Georges (1947): Shakespeare en Avignon. In: *La Bataille*. 10.9.1947.

Anonymus (1947a): Festival en Avignon. Parce que le théâtre a besoin d'air je vais en Avignon, nous dit Jean Vilar. In: *Spectateur*. 2.9.1947.

Anonymus (1947b): Les origines et la carrière du Théâtre d'Art du Palais des Papes. L'idée première appartient au poète Emile Sicard. In: *L'Accent*. 7.9.1947.

Anonymus (1947c): Shakespeare au palais des Papes. In: *L'Aube*. 7.9.1947.

Anonymus (1985): Le théâtre dans la carrière. A Boulbon, les entreprises Callet accueilleront cet été les festivaliers d'Avignon. In: *Semaine Provençe*. 24.5.1985.

Anonymus (2008a): Mélancoliques dragons. In: *L'Hebdo*. 18.7.2008.

Anonymus (2008b): La mélancolie des dragons de Philippe Quesne. Drôle de dragons. In: *L'Hebdo*. 25.7.2008.

Alce, Pierre (1947): Avignon deviendra-t-il le Bayreuth français? In: *Lettres françaises*. 20.8.1947.

Arvers, Fabienne (2008): vivarium tremens. In: *Les inrockuptibles - 62e édition du festival d'Avignon*. Juli 2008.

Barbry, François-Régis (1985): Mahabharata, l'épopée indienne d'Avignon. In: *La vie*. 24.7.1985.

Baron, Jeanine (1985): La nuit des rois Bharata. Peter Brook a tenu son pari. Captiver l'attention près de dix heures de suite. In: *La Croix*. 17.07.1985.

Barotte, René (1947): Une intéressante tentative en Avignon. La Chapelle du Palais des Papes est transformée, pour quelques semaines, en un musée d'art moderne! Mais les traditionnalistes crient au scandale! In: *Paris Presse*. 22.7.1947.

Barthomeuf, José (1985): La nuit du „Mahabharata": le matin du magicien Brook. In: *Le* Parisien. 26.7.1985.

Becker, Peter von (1985): Peter Brook dramatisiert das größte Epos der Welt. Der Sommernachtstraum des „Mahabharata". In: *Theater heute*. 1985: 9. 6-11.

Bécriaux, Henri (1947): Avignon, haut lieu de l'art dramatique. Avec „La tragédie du roi Richard II" Jean Vilar et sa Compagnie ont mis le theatre du Palais des Papes au premier rang des scènes de plein air. In: *Le Méridional*. 6.9.1947.

Beigbeder, Marc (1947): Devant deux mille avignonnais d'adaption Shakespeare a couché dans le Palais des Papes. In: *Le Parisien Libéré*. 5.9.1947.

Blisson, Cathy (2008): Philippe Quesne, metteur en scène de „La Mélancolie des dragons". Que se passe-t-il? In: *Télérama*. 2.7.2008.

Boeglin, Paul (1985): Peter Brook, pape du théâtre. In: *Les Dernieres Nouvelles d'Alsace*. 9.7.1985.

Chéronnet, Louis (1947): La Semaine d'art en Avignon. In: *France Illustration*. 20.9.1947.

Coen, Lorette (1985): L'Inde dans un miroir. In: *L'Hebdo*. 18.7.1985.

Cornet, Grégoire (2008): „La Mélancolie des Dragons" de Philippe Quesne jusqu'au 24 juillet. Panne de delco! In: *Vaucluse Matin*. 21.7.2008.

Dornes, Roger (1947): La Semaine d'art en Avignon a montré au theatre le chemin de la decentralisation. In: *L'Epoche*. 13.9.1947.

Gateau, Pascale (2008): Comédiens du réel. In: *Mouvement*. Juli-September 2008, 98-100.

Gresh, Sylviane (1985): Une nuit à traverser. In: *Revolution*. 25.7.1985.

Hahn, Dorothea (2003): Nur die Zikaden singen. In: http://www.taz.de/index.php?id=archivseite&dig=2003/07/10/a0149. Stand: 16.März 2009.

Henrichs, Benjamin (1985): Das Festival von Avignon. Ein Sommernachtstraum. Shakespeare und Mozart auf der Reise nach Indien. In: *Die Zeit*. 19.7.1985.

Huisman, Georges (1947): Avant le cycle d'Avignon. In: *Opéra*. 16.7.1947.

Jeener, J.-B. (1947): Dans la cour d'honneur du Palais des Papes Shakespeare, avec son „Richard II" inaugure la Semaine d'Art en Avignon. In: *Le Figaro*. 6.9.1947.

Kenp, Robert (1947): Shakespeare en Avignon. In: *La Bataille*. 11.6.1947.

Monnet, Paul (1947): Quelques instants avec Jean Vilar. In: *Les Nouvelles Vauclusiennes*. 14.9.1947.

Pigeon, Jean (1985): "Mahabharata" ou le Shiva-Régal de Peter Brook. In: *Pourquoi pas*. 17.7.1985.

Rey, Achille (1947): Avignon. L'histoire de Tobie et de Sara, de Paul Claudel, Richard II de Shakespeare, La Terrasse de Midi de Maurice Clavel. In: *Opéra:* 10.9.1947.

Schlocker, Georges (1985): Die Weltenbruch-Mythe von Avignon. Peter Brooks Inszenierung: Neun Stunden „Mahabharata". In: *Saarbrücker Zeitung*. 30.7.1985.

Sirach, Marie-José (2008): „Théâtre on Air", ou le théâtre sans théâtre. Dans *la Mélancolie des dragons*, on y croise pas mal de mélancolie et peu de dragons. In: *L'Humanité*. 23.7.2008.

Soleymat, Manuel Piolat (2008): Philippe Quesne. Les situations extrêmes de l'ordinaire. In: *La Terrasse*. Juli 2008.

Solis, René (2008): Un cirque en hiver. Dans la „Mélancolie des dragons", nouveau spectacle imaginée par Philippe Quesne, six zozos et une copine se retrouvent en panne dans la neige. Et n'en font pas un drame. In: *Libération*. 21.7.2008.

Stane, Frédéric (1947): Rendez-vous en Avignon... In: *Gavroche*. 26.6.1947.

Sucher, Bernd (1985): Das wundersame Märchen vom Untergang. Peter Brook und Jean-Claude Carrière zeigen beim Festival von Avignon „Le Mahabharata". In: *Süddeutsche Zeitung*. 22.7.1985.

Zellweger, Harry (1985a): Ein Schauspiel von Sonnenuntergang bis Sonnenaufgang in Avignon. In: *Luzerner Tagblatt*. 26.7.1985.

Zellweger, Harry (1985b): Appell an Sinne und Phantasie. Peter Brooks „Mahabharata", Inszenierung eines indischen Epos': Faszinierendes Theater der Gesten. In: *Nürnberger Zeitung*. 20.7.1985.

C Internetquellen

Festspielforschung:

http://www.festspiel-forschung.de/, Stand 17. März 2009.

Offizielle Homepage des *Festival d'Avignon*:

http://www.festival-avignon.com/index.php?r=1, Stand 17. März 2009.

Festival *OFF*:

http://www.avignonleoff.com/, Stand 17. März 2009.

Homepage des *Studio Vivarium Paris:*

http://www.vivariumstudio.net/, Stand 17. März 2009.

Homepage des Festivals *Villeneuve-en-Scène*:

http://www.villeneuve-en-scene.fr; Stand 3.März 2009.

Homepage des *Edinburgh Festival Fringe:*

http://www.edfringe.com/, Stand 18. März 2009.

D Videoverzeichnis

Le Mahabharata. (1989), Regie: Brook, Peter, Paris.

La Mélancolie des Dragon. (16.7.2008), Regie: Quesne, Philipp, Avignon.

Avignon – Ehrenhof und Schlachtfeld. (12. Juli 2006), Regie: Viotte, Michael, Arte.

Abbildungsverzeichnis

Abbildung 1: Stadtplan Avignon (Hervorhebungen durch die Verfasserin). Entnommen der Homepage: http://www.avignon-et-provence.com/avignon-tourisme/img/avignon-centre-grand.gif, Stand 17.März 2009.

Abbildung 2: Außenansicht des Cour d'honneur in Avignon. Entnommen der Homepage: http://oak.cats.ohion.edu/~corbinc2/avignon/ images/palais-des-papes.jpg, Stand 13. März 2009.

Abbildung 3: Innenansicht des Cour d'honneur in Avignon mit Publikum (2008). Urheberin: Annika Wehrle.

Abbildung 4: Szenenfoto von Richard II, Regie: Jean Vilar. 1947. Entnommen: David 1996, 161.

Abbildung 5: Eingangstor des Cloître des Célestins (2008). Urheberin: Annika Wehrle.

Abbildung 6: Szenenfoto aus La Mélancolie des dragons. Regie: Philippe Quesne, 2008. Urheber: Martin Argyroglo. Entnommen der Homepage http://www.vivariumstudio.net/melancolie-photo.html, Stand 17.März 2009.

Abbildung 7: Szenenfoto im Anhänger. Aus La Mélancolie des dragons. Regie: Philippe Quesne, 2008. Urheber: Martin Argyroglo. Entnommen der Homepage http://www.vivariumstudio.net/melancolie-photo.html, Stand 17.März 2009.

Abbildung 8: Innenhof des Cloître des Célestins. Bühnenaufbau zu La Mélancolie des dragons 2008. Urheberin: Annika Wehrle.

Abbildung 9: Umgebung des Steinbruchs Carrière Callet de Boulbon (2008). Urheberin: Annika Wehrle.

Abbildung 10: Luftbild des Spielstätte Carrière Callet de Boulbon. 2006. Urheber: Fred Nauczyciel. Entnommen der Homepage des Festival d'Avignon unter http://www.festival-avignon.com/index.php?r=99, Stand 17. März 2009.

Abbildung 11: Szenenfoto von Le Mahabharata, Regie: Peter Brook. 1985. Entnommen: David 1996, 186.

Abbildung 12: Jean Vilar umgeben von Demonstranten. 1968. Entnommen: Urheber: Yvon Provost. Entnommen: Les Cahiers de la Maison Jean Vilar. 2008: 105, 32.

Abbildung 13: Living Theatre im Cloître des Carmes. 1968. Urheber: Yvon Provost. Entnommen: Les Cahiers de la Maison Jean Vilar. 2008: 105, 15.

Abbildung 14: Performance des Living Theatre in Avignon. 1968. Urheber: Yvon Provost. Entnommen: Les Cahiers de la Maison Jean Vilar. 2008: 105, 27.

Abbildung 15: Plakatierung des Festival OFF (2008). Urheberin: Annika Wehrle.

Abbildung 16: Schauspielerparaden des Festival OFF. Entnommen: http://www-radio-campus.univ-lille1.fr, Stand 17. März 2009.

Abbildung 17: Plakatierung privater Hauswände durch das Festival OFF (2008). Urheberin: Annika Wehrle.

Abbildungsanhang

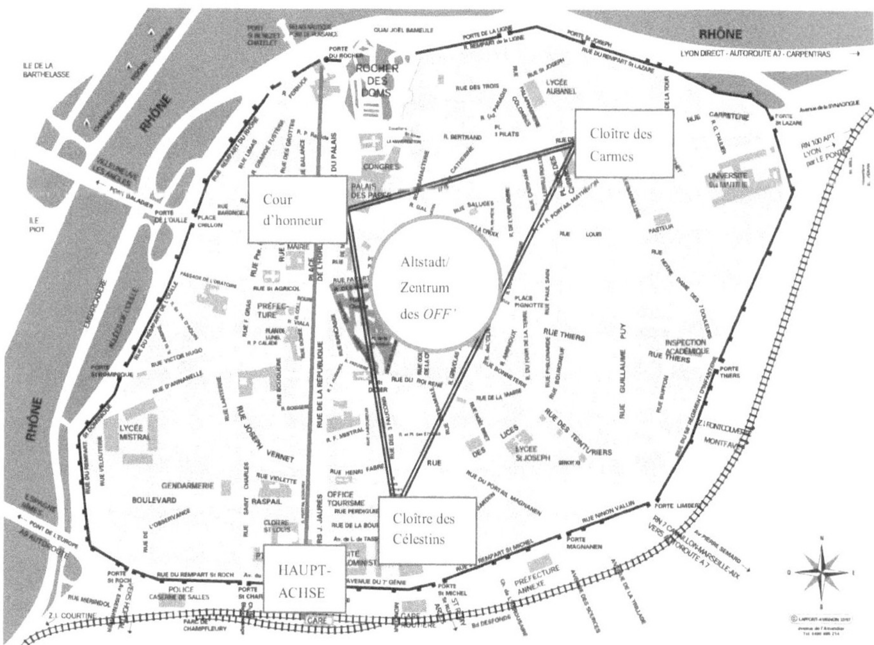

Abbildung 1: Stadtplan Avignons mit den im Dreieck angordneten wichtigsten historischen Spielorten, der Hauptachse der Stadt sowie dem Zentrum des Festival OFF.

Abbildung 2: Außenansicht des Cour d'honneur in Avignon.

Abbildung 3: Innenansicht des Cour d'honneur mit Publikum.

Abbildung 4: Szenenfoto von *Richard II*, Regie: Jean Vilar, 1947.

Abbildung 5: Eingangstor des Cloître des Célestins.

Abbildung 6: Szenenfoto aus *La Mélancolie des Dragons*. Regie: Philippe Quesne, 2008.

Abbildung 7: Szenenfoto im Anhänger. Aus *La Mélancolie des Dragons*. Regie: Philippe Quesne, 2008.

Abbildung 8: Innenhof des Cloître des Célestins. Bühnenaufbau zu *La Mélancolie des Dragons* 2008.

Abbildung 9: Umgebung des Steinbruchs Carrière Callet de Boulbon.

Abbildung 10:Luftbild der Spielstätte Carrière Callet de Boulbon.

Abbildung 11: Szenenfoto von *Le Mahabharata*, Regie: Peter Brook, 1985.

Abbildung 12: Jean Vilar umgeben von Demonstranten

Abbildung 13:*Living Theatre* im Cloître des Carmes

Abbildung 14:Performance des *Living Theatre* in Avignon

Abbildung 15: Plakatierung des *OFF.*

Abbildung 16: Schauspielerparaden des *OFF.*

Abbildung 17 Plakatierung privater Hauswände durch das *OFF.*

In der Schriftenreihe *Kleine Mainzer Schriften zur Theaterwissenschaft* sind bisher erschienen:

Becker, Kristin:

Chicago.
Ein Mythos in seinen Inszenierungen.

(KMT, Band 1)

166 Seiten, 24,90 Euro, 2005

ISBN 978-3-8288-8929-3

Wiegmink, Pia:

Theatralität und öffentlicher Raum.
Die Situationistische Internationale am Schnittpunkt von Kunst und Politik.

(KMT, Band 2)

146 Seiten, 24,90 Euro, 2005

ISBN 978-3-8288-8935-4

Pfahl, Julia:

Québec inszenieren.
Identität, Alterität und Multikulturalität als Paradigmen im Theater von Robert Lepage.

(KMT, Band 3)

120 Seiten, 24,90 Euro, 2005

ISBN 978-3-8288-8948-4

Walkenhorst, Birgit:

Intermedialität und Wahrnehmung.
Untersuchungen zur Regiearbeit von John Jesurun und Robert Lepage.

(KMT, Band 4)

100 Seiten, 24,90 Euro, 2005

ISBN 978-3-8288-8949-1

Butte, Maren:

Das Absterben der Pose.
Die Subversion des Melodramas in Cindy Shermans Fotoarbeiten.

(KMT, Band 5)

134 Seiten, 24,90 Euro, 2006

ISBN 978-3-8288-8969-9

Naumann, Matthias:

Dramaturgie der Drohung.
Das Theater des israelischen Dramatikers und Regisseurs Hanoch Levin.

(KMT, Band 6)

268 Seiten, 24,90 Euro, 2006

ISBN 978-3-8288-8973-6

Küssner, Lisa Marie:

Sprach-Bilder versus Theater-Bilder.
Möglichkeiten eines szenischen Umgangs mit den Bilderwelten von Werner Fritsch.

(KMT, Band 7)

164 Seiten, 24,90 Euro, 2006

ISBN 978-3-8288-9050-3

Faust, Nicole:

Körperwissen in Bewegung.

(KMT, Band 8)

150 Seiten, 24,90 Euro, 2006

ISBN 978-3-8288-9175-3

Dapp, Götz:

Mediaclash In Political Theatre.
Building on and Continuing Brecht.

(KMT, Band 9)

156 Seiten, 24,90 Euro, 2006

ISBN 978-3-8288-9176-0

Watzka, Stefanie:

Verborgene Vermittler.
Ansätze zu einer Historie der Theateragenten und -verleger.

(KMT, Band 10)

174 Seiten, 24,90 Euro, 2006

ISBN 978-3-8288-9199-9

Holling, Eva:

Ist alles gespielt?
Blicke auf den Stadtraum im neuen Theater.

(KMT, Band 11)

122 Seiten, 24,90 Euro, 2007

ISBN 978-3-8288-9207-1

Reinbold, Stephanie:

Schwedisches Kinder- und Jugendtheater.
Ein Paradigma für das deutsche Kinder- und Jugendtheater seit den 1980er Jahren?

(KMT, Band 12)

132 Seiten, 24,90 Euro, 2007

ISBN 978-3-8288-9259-0

Freund, Alexandra:

Fake ist total real.
Das Theater des Igor Bauersima.

(KMT, Band 13)

204 Seiten, 24,90 Euro, 2007

ISBN 978-3-8288-9348-1

Plappert, Stefanie:

„Wahrhaftige Begegnungen"?
Facetten des ‚Fremden' im zeitgenössischen norwegischen Theater.

(KMT, Band 14)

204 Seiten, 24,90 Euro, 2007

ISBN 978-3-8288-9497-6

Waniek, Ellen:

Gerettet?
Spiegelungen des prekären Sinn-Subjekts im jungen deutschen Regietheater

(KMT, Band 15)

138 Seiten, 24,90 Euro, 2008

ISBN 978-3-8288-9737-3

Lenhardt, Martina

Grenz.Fall.
Zum Verhältnis von Perfomance und Spiel

(KMT, Band 16)

124 Seiten, 24,90 Euro, 2008

ISBN 978-3-8288-9758-8

Pohl, Katharina:

Schönes Scheitern?
Die Suche nach Identität in den Inszenierungen Florian Fiedlers

(KMT, Band 17)

182 Seiten, 24,90 Euro, 2010

ISBN 978-3-8288-2223-8

Zipf, Hanna Maria:

Giorgio Strehlers *Arlecchino* am Piccolo Teatro di Milano

(KMT, Band 18)

178 Seiten, 24,90 Euro, 2010

ISBN 978-3-8288-2224-5

Dupré, Johanna:

Spiele des (Un)Sichtbaren.
Performativität und Politik der Wahrnehmung im argentinischen Gegenwartstheater

(KMT, Band 19)

246 Seiten, 24,90 Euro, 2010

ISBN 978-3-8288-9947-6

van den Heuvel-Arad, Maja:

Focalizing Bodies.
Visual Narratology in the Post-Dramatic Theatre

(KMT, Band 20)

90 Seiten, 24,90 Euro, 2011

ISBN 978-3-8288-2623-6

Peschke, Nadine:

Gebrochen in Raum und Zeit – Performanzen des Lichts im Dazwischen.

(KMT, Band 21)

267 Seiten, 24,90 Euro, 2011

ISBN 978-3-8288-2658-8

Wehrle, Annika:

Die Orte des Festival d'Avignon.
Die „theatrale Eroberung" einer Stadt

(KMT, Band 22)

180 Seiten, 24,90 Euro, 2011

ISBN 978-3-8288-2785-1

Zeitfracht Medien GmbH
Ferdinand-Jühlke-Straße 7
99095 Erfurt, Deutschland
produktsicherheit@kolibri360.de